MEMÓRIAS DE MARTHA

JÚLIA LOPES DE ALMEIDA

Direção editorial: Luiz Vasconcelos
Produção editorial: Equipe Novo Século
Preparação: Ana C. Moura
Revisão: Ellen Andrade
Diagramação: Equipe Novo Século
Capa: Ale Santos

Texto de acordo com as normas do Novo Acordo Ortográfico da Língua Portuguesa (1990), em vigor desde 1º de janeiro de 2009.

Almeida, Julia Lopes de
Memórias de Martha / Julia Lopes de Almeida. -- Barueri, SP : Novo Século Editora, 2025.
104 p.

ISBN 978-85-428-1839-0

1. Ficção brasileira I. Título

25-35524 CDD-B869.3

Índice para catálogo sistemático:
1. Ficção brasileira

GRUPO NOVO SÉCULO
Alameda Araguaia, 2190 – Bloco A – 11º andar – Conjunto 1111
CEP 06455-000 – Alphaville Industrial, Barueri – SP – Brasil
Tel.: (11) 3699-7107 | E-mail: atendimento@gruponovoseculo.com.br
www.gruponovoseculo.com.br

MEMÓRIAS DE MARTHA

JÚLIA LOPES DE ALMEIDA

ns
São Paulo, 2025

Capítulo I

Tenho uma ideia vaga da casa em que nasci e onde morei até os 5 anos. Um ou outro canto ficou desenhado em meu espírito; quase tudo, porém, se perde num esboço confuso.

Assim as cenas. Entre tantas cousas, tantos tipos e tantas palavras que só refletiram nas minhas pupilas de criança, ou que vibraram em meus ouvidos, que ficou? Bem pouco!

Lembro-me, por exemplo, de um ângulo de quintal, onde havia um banco tosco e um tanquezinho redondo que servia de bebedouro às galinhas. Era ali que eu lavava as roupas das bonecas. Lembro-me também do papel da salinha de jantar, cheio de chins e de quiosques; de um vão de janela, onde se armava o presépio, pelo Natal.

Os quartos, os móveis, os criados, de tudo isso me recordo às vezes, mas numa fugacidade tal, que não me fica a sensação da saudade, mas a da dúvida.

Das cenas lembra-me a da mudança: um homem zangado mandando pôr os nossos trastes na rua, e minha mãe chorosa aconchegando-me a si uma vez em que entrei numa alcova onde estava um homem morto, muito magro, lívido, estirado sobre a cama, com um hábito escuro de cordões brancos, as mãos entrelaçadas e o queixo amarrado com um lenço. Era meu pai. Tive medo; minha mãe obrigou-me a beijá-lo. O frio e o cheiro do cadáver deram-me náuseas; quis sair, ela prendeu-me nos seus braços nervosos, supus então que me quisesse fechar com o defunto no mesmo caixão que ali estava já escancarado, e fugi em um arranco para o quintal.

Nunca a luz me pareceu tão forte nem o ar livre tão bom.

Com as costas unidas ao muro, os olhos secos de espanto, sufocando as palpitações do meu coração, como se a bulha dele bastasse para chamar sobre mim a atenção da gente de casa, fiquei muda, sentindo por todo o corpo a frialdade daquele cadáver, com a sensação de que me iriam buscar para me embrulharem na sua roupa de espectro, larga, escura, cortada pelos traços longos dos dois cordões brancos.

Na morte, não era o pavor da cova negra o que me assustava mais, era a presença do Pai do Céu, de que me falavam a todo instante, como uma punição para as minhas travessuras e um prêmio para virtudes que eu não conhecia e me pareciam de assombro!

Efetivamente, que ouvia eu desde manhã até a noite?

"Menina, não faça assim, que Deus castiga."

Por isso eu tremia toda, pensando que me queriam levar com meu pai para a presença desse Deus tremendo, inflexível, tão alto que se não pudesse curvar até as minhas faces lacrimosas, para um beijo de perdão ou de piedade.

Já o corpo do finado ia nos solavancos, do carro rua afora, quando minha mãe foi buscar-me; vendo-a, gritei com força que me deixasse, que me deixasse! E debati-me entre os seus braços frágeis. Ela convenceu-me a custo de que me queria na vida para a consolação dos seus dias negros.

Entrei em casa desconfiada.

Da morte de meu pai, eis a medonha sensação que me ficou:

Amei-o? Talvez; mas não me lembro. A convivência era pouca ou nenhuma.

Ele passava a vida em viagens de trabalho, agenciando negócios; eu, agarrada às saias de minha mãe, uma velha mulata religiosíssima, e que toda se desmanchava em contar-me histórias de santos, milagres, tormentas, mistérios, obras divinas a enormes pecados que me faziam tremer!

Não posso acompanhar o movimento de transição da nossa vida, desse tempo para o outro, em que habitamos um cortiço de São Cristóvão.

Aí já minha mãe não tinha criados, nem mesmo a velhinha que nos acompanhava outrora, e que partiu não sei para onde, nem com quem. Lembro-me de que vivíamos nós duas sós; minha mãe engomando para fora, desde manhã até a noite, sem resignação, arrancando suspiros do peito magro, mostrando continuamente as queimaduras das mãos e a aspereza da pele dos braços estragada pelo sabão.

Cresci vagarosamente, como se não me bastasse para o desenvolvimento o espaço estreito daquela alcova, em que, de verão e de inverno, minha mãe trabalhava, vestida com o pobre traje de viúva, já velho e ruço, mal-arranjado em seu corpo de tísica, muito delgado.

Eu, às vezes, ia brincar para a porta com umas crianças da vizinhança: mas as pequenas eram brutinhas e magoavam-me os pulsos, puxando com força por mim. Eu caía, chorava alto, minha mãe corria a socorrer-me e levava-me no colo para dentro. Sentia-lhe a respiração ofegante, as mãos muito quentes e os beiços secos, queimados, que ela unia às minhas faces em beijos longos e sentidos.

– Vês? – dizia-me ela, com voz enfraquecida e rouca. – Arranhaste os joelhos. Deixa-me ver se as mãozinhas estão esfoladas também! – E molhava-as cuidadosamente, como se eu tivesse doença de perigo ou dolorosa, com todo o mimo e desvelo.

Voltava depois ao trabalho; arregaçava as mangas e dava-me uma bruxa de pano e uns retalhos, para que eu me entretivesse a fazer-lhe vestidos. Vendo-me sossegada, punha-se a passar e repassar o ferro, muito pesado, ao longo da tábua, assente de um lado no peitoril da janela e do outro nas costas de uma cadeira forte e rústica.

Eu alinhavava uns corpos, uns aventais impossíveis, e acabava por adormecer. Quando abria os olhos, via-me cercada de cousas que não vira pouco antes ao meu lado: uma manta a cobrir-me os joelhos, a cabeça sobre o travesseiro, e, para que me não importunassem as moscas, um quadrado de escócia transparente a tapar-me o rosto

Os dias sucediam-se sem que se notasse a menor alteração em nossa vida.

Levantava-me tarde. Minha mãe me deixava agasalhada no leito e ia trabalhar silenciosamente.

Nosso almoço era café e pão: café sem leite, muito fraco. O meu quinhão era sempre o maior. Findo o almoço, ia eu, como na véspera, para a porta, atraída pelos gritos alegres das crianças e dali voltava chorosa, oprimida pela superioridade das outras, muito mais fortes do que eu.

Chamavam-me de lesma! Mole! Palerma! E riam-se das minhas quedas, da minha magreza a da minha timidez. Eu no começo estranhava aquela moradia, com tanta gente, tanto barulho, num corredor tão comprido e infecto onde o ar entrava contrafeito, a água das barrelas se empoçava entre as pedras desiguais da calçada.

Minha mãe não permitia que eu me desembaraçasse como as outras; tinha sempre os olhos em mim, eu sentia-os às vezes como brasas a queimarem-me a pele.

Se eu me desviava um pouco, ela gritava logo:

– Martha, vem cá!

E eu voltava submissa.

No tempo das chuvas, a reclusão que me era imposta dava ainda um tom mais lúgubre à minha solitária infância.

Fui sempre medrosa e dócil.

Minha mãe levava-me poucas vezes consigo, quando saía a entregar a roupa à casa dos fregueses; deixava-me quase sempre com uma vizinha, uma ilhoa bruta, que batia nos filhos e injuriava o marido.

Em uma ocasião, assisti a uma cena que não me sairá nunca da memória.

A Carolina, filha mais velha da ilhoa, era compassiva e bondosa. Há flores nos pântanos, e refletem-se muitas vezes na lama os raios das estrelas. Eu gostava dela, que era como uma asa a proteger-me das maldades dos irmãos mais novos. Nesse dia ela notou que eu tinha fome: é que já haviam passado quatro horas sobre o meu pobre almoço de café fraco e pão seco. Eu tinha apenas 7 anos e nessa idade o apetite não dorme; pois bem, a Carolina, condoída, deu-me um bocado de carne com farinha, dizendo-me ao mesmo tempo umas cousas consoladoras e meigas. Eu devorava verdadeiramente aquele acepipe raro quando a ilhoa chegou.

Vendo-me, perguntou admirada:

– Quem te deu isso?

Eu tinha a boca cheia e não pude responder logo.

A Carolina disse sem titubear, com toda a sua costumada serenidade, que tinha sido ela.

A mãe enfureceu-se e, fechando apertadamente as mãos,

deu-lhe, com toda a rijeza de seus pulsos de ferro, uma meia dúzia de socos que a deitaram por terra.

A Carolina afirmava que o quinhão que me dera era o seu, só o seu, que ela não tinha vontade de jantar.

– Não me importa — continuava a enraivecida mulher. — Bato-te para que saibas que não se mexe na comida sem minha licença!

Desatei a chorar, e foi assim que minha mãe me encontrou.

Chegando a casa, contei-lhe tudo; ela fez-se pálida, teve um ataque de tosse prolongado e violento; depois, ainda anelante de cansaço, procurou aquietar-me, prometendo que não me deixaria mais, e iria entregar a roupa aos fregueses em minha companhia.

Assim foi. Na primeira semana saí também.

O dia estava quente e luminoso. Eu sentia o calor das pedras da calçada e das paredes das casas onde ia roçando as mãos.

Em mais de meio do caminho, minha mãe parou de repente, ao ver uma senhora muito elegante que se aproximava, e puxou-me para dentro de um corredor, dizendo, quase que maquinalmente:

– Deixa-a passar, não quero que me veja assim!...

Ali estivemos alguns minutos, até que tornamos a sair para a rua. A tal senhora sumira-se em uma esquina.

– Quem é?! — perguntei eu, atônita. — Quem é aquela senhora tão bonita?!

– Era uma amiga minha — respondeu, apertando-me brandamente a mão, a minha pobre mãe.

– Mas então por que não lhe falou?

Minha mãe sorriu, desceu para mim seu olhar doce e úmido, e suspirou sem me dizer mais nada.

A resposta tive-a anos depois, do tempo, da idade, do destino e dos desenganos.

Por que não reconheceria uma senhora rica, elegante, feliz, como uma amiga antiga, a uma mulher decaída, andrajosa quase, e miserável?

Havia entre as duas uma barreira que a minha pequena altura não me permitia dominar. Fui pensando nisso até a casa da freguesa.

Entramos para uma sala de jantar quadrada, com janelas e portas para um terraço de mosaico branco e preto, em xadrez. A dona da casa cortava uns moldes sobre a mesa, coberta de oleado escuro com ramagens cinzentas a vermelhas. Em um canto, a filha mais velha cosia à máquina um vestido de linho cor-de-rosa e claro, guarnecido de rendas. No vão de uma janela, ao lado da moringueira envernizada, uma menina da minha idade vestia, em uma boneca de cara de louça e corpo de pelica, um traje de veludo bronzeado, prendendo-lhe nos cabelos muito louros um laço da mesma cor.

Vendo-me, sentou-se em um banco baixo e pôs-se a tirar de um cofre fatos de seda, de cetim e de caxemira para a sua querida boneca.

Chamou-me, fez-me sentar a seu lado, mais por vaidade

que por outra cousa, e desenrolou à minha vista o grande enxoval de mademoiselle Rosa.

Ria-se muito das minhas exclamações e movia mademoiselle em uns trejeitos graciosos, dizendo palavras amáveis e pretensiosas.

Depois, enfastiada de brincar, falou-me da mestra, das amigas, de uma festa de Natal a que assistira, de caixas de amêndoas forradas de seda, de bombons, de joias, de passeios.

Levou-me à sala, mostrou-me o álbum, os quadros, as jardineiras; sentou-se ao piano e tocou uma lição do método, tendo o cuidado de virar para cima a pedra do anel que, por largo, descaía. Conduziu-me depois para defronte do espelho, um grande espelho que vinha do teto ao chão, tomando uma parede toda.

Como me achei triste e feia ao lado daquela menina da minha idade!

Ela, muito alva, corada, olhos rasgados e brilhantes de alegria e de orgulho, o vestido claro, curto, bibe branco bordado, meias pretas esticadas por cima dos joelhos. Eu, pálida, o cabelo muito liso, feito em uma trança apertada, as pernas magras, as meias de algodão engelhadas, o vestido de lã cor de havana, muito comprido e esgarçado, os sapatos de duraque rotos!

Ela compreendeu-me e demorou-se maldosamente a confrontar-me com altivez. Eu sentia-me humilhada e com vontade de chorar...

Na casa da ilhoa ou na casa da freguesia, caía sobre mim, com todo o peso, o horror da minha incompreendida situação.

Voltamos para dentro; o rol estava conferido, chamavam por nós.

– Lucinda – disse então a dona da casa, para a filha mais nova –, vai buscar teu vestido encarnado para o dares a esta menina... É novo ainda – continuava ela, voltando-se para minha mãe –, mas não vai bem à Lucindinha, e o pai não gosta da cor...

Veio o vestido. Enfiaram-mo mesmo por cima do outro, para mo experimentarem.

– Parece um macaquinho! – exclamava Lucinda, desferindo umas risadinhas agudas ao olhar para mim.

Eu corava e tinha ímpetos de o arrancar do corpo. Viravam-me de costas... de frente... de lado... faziam-me levantar os braços, abaixá-los e dobrá-los. Prestei-me como um autômato, indignada sem saber por quê; revoltada, mas submissa e trêmula.

Quando minha mãe agradeceu a esmola, senti parar-me o coração.

Por que não teria eu igual direito a possuir tudo, como a Lucinda, sem pedir ou aceitar esmolas?

E por que me fazia tão mal essa palavra, a mim, que nada conhecia do mundo?

Não bastariam as humilhações da véspera, na casa da Carolina, e a desse dia em frente ao espelho para ma fazer compreendida de sobejo?

Quando eu ia a sair, a irmã mais velha de Lucinda apagou-me com um beijo a tristeza que eu sentia na consciência.

Aquele beijo nunca mais me esquece: foi nivelador, foi santo!

As crianças pensam; e as impressões que sentem são as mais duráveis e profundas muitas vezes. Tenho passado por grandes tempestades e nenhuma me deixou mais vestígios do que a que abalou minha meninice, não sendo todavia essa a maior!

Tornei a ir na semana seguinte à casa da freguesa. A Lucinda não estava, fora para o colégio. A mãe tinha separado umas roupas, já curtas e apertadas para a filha, e deu-mas. Dessa vez custou-me menos a receber da caridade. O primeiro passo é sempre o mais difícil em uma vereda desconhecida. Habitua-se a gente a tudo, até o perigo, até a humilhação!

Perguntaram-me se eu já sabia ler. Minha mãe respondeu que não.

– Mas por que não a mete na escola?! Ela já tem idade de aprender…

– É que eu não podia mandar minha filha tão pobrezinha para a escola… agora que tem esta roupa, sim, posso trazê-la asseadinha e levá-la lá.

– Faz bem, faz bem – disseram ameigando-me, as bondosas senhoras.

Voltei nesse dia mais alegre para a nossa tristonha alcova da estalagem de S. Cristóvão.

Passei a tarde toda na porta, com as crianças da vizinha; a Carolina, o Maneco e a Rita.

O Maneco tinha 8 anos, era magro, orelhudo e pálido; cheirava sempre à cachaça e vivia fumando as pontas de cigarros encontradas no chão. Era ele quem mais me afligia, e entretanto quem mais me procurava! Quando se ria, mostrava as gengivas arroxadas, como se estivessem cozidas pelo álcool, e os dentes grandes, desiguais, ainda muito novos. Era alto para a idade, mas magríssimo, com o peito fundo, e braços e pernas moles.

A irmã mais nova tinha 5 anos, mas podia comigo ao colo, a Rita, já dona de um vasto vocabulário de insultos.

De resto bonita, morena e engraçada.

A esse rancho juntava-se às vezes um mulatinho, o Lucas, mais moço do que eu, muito sujo, e que passava a vida a mentir.

Nesse dia entrei para a roda com ar altaneiro; falei de coisas suntuosas, presentes, doces, vestidos, gozando do olhar de inveja a admiração dos outros.

Só a Carolina parecia não me ouvir, lavava os esfregões das panelas, com o corpo em c e os braços enterrados na água malcheirosa da tina.

Capítulo II

Dias depois entrei para a escola pública da minha freguesia.

Na véspera da entrada, participei à Carolina e às irmãs que ia para o colégio, e no dia seguinte, logo de manhã, foram para a porta ver-me com o meu vestido encarnado, a caminho da aula.

Meu vestido encarnado! Então não me pesava ele nem me queimava o corpo, como dias antes! Ao contrário, fazia-me orgulhosa, superior! Olhei altivamente para minhas companheiras de miséria, sorrindo-me, como sorrira a Lucinda quando a meu lado, em frente ao espelho…

As primeiras horas foram amargas, na classe. Cheguei a chorar; sentia-me triste; no meio de tanta gente experimentava uma sensação dolorosa de isolamento e saudade.

Acostumei-me por fim, e, depois de um mês, aquilo até me divertia.

Dediquei-me principalmente a uma menina mulata, que, mais adiantada do que eu, tinha a paciência de ensinar-me as lições.

Ficava a meu lado; era feia, escura, marcada de bexigas, com olhos pequeninos e amortecidos, o cabelo muito encaracolado e curto. Chamava-se Matilde, teria 12 anos e estava havia três na escola; era pouco inteligente, e não passava do segundo livro de leitura, por mais esforços que a professora fizesse.

Eu estimava-a muito.

Ela fazia-me repetir as letras, e eram devidos à sua condescendência os meus pequenos triunfos. Um dia, uma condiscípula nossa fez dela uma denúncia horrorosa, afirmando tê-la visto roubar, por várias vezes, ora o lápis de uma, ora uma fruta ou doce do lunch de outras, ora dedais, dinheiro, linhas etc. O fato é que se sumiam há muito os objetos, sem que se pudesse descobrir nem mesmo suspeitar como.

Interrogada pela professora, Matilde negou. Nós outras ouvíamos em silêncio, comovidas e curiosas.

Nesse dia desaparecera um par de sapatinhos de lã escarlates, feitos pela adjunta. Revistada a caixa de Matilde, de entre os livros enodoados e já velhos, saíram eles, com seus lacinhos de cordão e suas borlas a bailar de um lado para outro.

Uma exclamação de espanto encheu a aula: todas as meninas, a um tempo, murmuraram:

– Ah!

Matilde não se ajoelhou, nem vacilou sequer; de pé, com a cabeça baixa, esperou a condenação. A mestra fez-lhe um grande discurso, flechou-a de conselhos e de humilhações: pintou-lhe o quadro da desestima de suas companheiras, que só lhe apertariam a mão se a vissem reabilitada.

Matilde ouviu tudo sem pestanejar, depois foi de castigo para o canto da sala, em pé, exposta a todas as vistas.

Pela primeira vez, eu não soube a lição; faltara-me a pobre pequena, cuja persistência em ensinar-me não diminuíra nunca. No entanto, eu, como todas as outras, seguindo-lhes o exemplo, voltei as costas à desgraçada mulatinha e nunca mais lhe dirigi uma única palavra! Isolada, Matilde tornou-se agressiva, inaturável, e foi de tal excesso em sua raiva e mau modo que a expulsaram do colégio. Vi-a sair, sem que me viessem as lágrimas aos olhos, a mim, que lhe devia tanto; e agora, no fim de 30 e tantos anos sinto na minha consciência como uma grande nódoa imperecível!

Substitui a Matilde, na grande convivência colegial, por Clara Silvestre. A minha nova amiga não me ensinava as lições, mas era alegre, bonita e forte; repartia comigo o seu lunch e eu não a deixava um só instante. Era ela quem aparava o meu lápis, que me dava os mais lindos cromos e santinhos para os livros, quem me ajeitava o cabelo na hora do recreio, uma solicitude maternal. Era uma das meninas mais asseadas do colégio, a mais instintivamente coquete. Na bolsa dos livros levava sempre um espelho pequeno e uma boceta de pó de arroz quase do tamanho de uma noz. Eu invejava aquilo e punha-me então a descrever as meias de seda, os bibes bordados, e a pompa de mademoiselle Rosa, inventando intimidades entre mim e a Lucinda. Uma sombra terrível enegrecia o olhar docemente azul de Clara Silvestre, fitando rapidamente o seu vestidinho de chita a as meias de algodão.

Ter muito luxo era o seu sonho.

Mas aquilo passava depressa, e na sua bondade natural ela vazava no lenço das outras um pouco de água-flórida trazida num vidrinho, do lavatório da mãe.

De Carolina e dos irmãos ranhosos não falei nunca no colégio.

Referir-me às filhas da vizinha fora macular a minha reputação. No fundo de minha consciência, porém, não se apagara a cena humilhante que a bondosa e serena Carolina sofrera castigos por ter me dado com que matar a fome.

Minha mãe vigiava ansiosa os meus progressos; fazia-me repetir muitas vezes a lição e beijava-me com alegria quando a mestra lhe dizia que eu era inteligente.

Ao fim de dois anos fiz exame com desembaraço e firmeza: ficaram atônitas as professoras, que me sabiam tímida e nervosa. Foi um dia de triunfo para mim, que nunca me vira tão bonita, com o cabelo crespo a papelotes, o vestido branco transparente e a fita azul do uniforme a tiracolo. Aquele vestido, aquela fita, quantas horas de trabalho custaram à minha pobre mãe! Hoje os vejo através das lágrimas de saudade e reconhecimento; então, via-os entre os risos da vaidade e da ignorância, a ignorância natural na despreocupação da meninice!

As férias! Todas as minhas condiscípulas faltavam com entusiasmo nelas! Uma ia para fora, passá-las com uma tia, no campo; outras, com umas amigas alegres e ruidosas; outra, com uma irmã casada que passeava muito. E faziam projetos, rindo com prazer antecipado.

Eu, eu sentia-me triste, como se qualquer delas tivesse a esperá-la uns braços mais carinhosos do que os que me esperavam! Temia as longas horas soturnas na alcova úmida e escura, onde, desde madrugada até a noite, minha mãe trabalhava sem interrupção. Que distrações, que alegria podia prometer-me aquele quadro constante: uma mulher magra, pálida, curvada sobre a tábua, engomando cuidadosamente as roupas dos fregueses exigentes e severos?

As aves não iam cantar ali, como cantavam no jardim do colégio; o sol não entrava arrojado e luminoso pela janela do ensombrado quarto do cortiço, como pelas de moldura envernizada da aula; e, sobretudo, não teria companheiras risonhas e turbulentas: havia de suportar as brutalidades dos vizinhos imundos e, para entreter-me, brincaria de vez em quando com a desgraçada bruxa que fora outrora adorada por mim, mas que votei ao desprezo desde que vi mademoiselle Rosa.

Emagreci durante o tempo das férias; faltava-me o passeio obrigado, a convivência alegre de outras crianças, as correrias do recreio, o barulho, a vida, a luz! Tornei-me linfática, tinha o pescoço cheio de caroços e os beiços esbranquiçados, veio o fastio, o sono e a doença. Passava as tardes na casa da vizinha, brincando com a Rita e o Maneco, enquanto a Carolina trabalhava. A pobre sofria calada as rebentinas da mãe, estava sempre magra, espigada, e, no seu rosto oval e sardento, os olhos claros derramavam uma tristeza impressionadora. Era a doença, era o cansaço, porque ela, estupidificada pelo meio, nem tinha consciência do sofrimento.

O Maneco cheirava sempre à álcool, tinha a mania de dar beliscões finíssimos que arrancavam bocadinhos de pele da gente. Eu raramente via o pai, que saía de madrugada para o trabalho e só voltava à noite. Aquela ausência ajudava a mergulhar o pequeno no vício. Era o vendeiro da esquina, o seu Joaquim, quem, para rir, fora ensinando o rapaz a beber. Só a Rita sabia rir ali como criança, mas isso não me bastava, era muito mais nova do que eu, divertia-se com coisas que me enfastiavam, e não sabia acompanhar-me nas que me divertiam.

Eu às vezes saía enxotada pela ilhoa, que rogava pragas a todos, confundindo-me com os filhos. Com medo de que minha mãe não me deixasse tornar àquela casa terrível, calava-me e no dia seguinte lá voltava, atraída pela convivência das outras crianças, farta, intumescida do silêncio e da tristeza do meu quarto.

Uma vez, a ilhoa chamou-me, tinha um bom ar alegre no seu comprido rosto enegrecido pelo sol.

– Oh, senhora Martha! – gritou ela de fora para minha mãe. – Deixe cá vir a sua pequena um nadinha, sim?

Fui: tinham-lhe dado uns doces na casa de uma freguesa e ela repartia-os com a criançada. A sua voz forte, de pronúncia cantarolada pospontada de u u franceses, nunca me pareceu menos rude. Ela estava em pé no meio do quarto, perto da mesa; a Rita segurava-se-lhe as saias, e a Carolina, sentada no chão, com a costura caída nos joelhos, levantava para a mãe o seu rosto comprido de queixo fino. O Lucas, perto da porta, empurrava com o dedo a mãe-benta que já não lhe cabia na boca, e de bochechas inchadas olhava ainda cobiçosamente para as mãos da ilhoa.

Recebi o meu quinhão e sentei-me a comê-lo perto da Carolina.

– E o Maneco? – indagou a mãe.

– Inda não veio...

– Mandaste-o fora?

– Não, senhora...

– O demo do rapaz! Deixa-se-lhe aqui o seu bocadinho...

O quarto da ilhoa era dos menos sujos do cortiço. Apesar da criançada, conseguiam ter as coisas mais ou menos em ordem. A Carolina não tinha as mãos paradas nem um instante, era a responsável pela travessura e pelo desmazelo dos outros.

A parede era toda coberta com gravuras de jornais a cromos comprados aos turcos. Havia uma divisão de tabique separando o quarto de dormir, e ao fundo, em frente à porta da rua, três prateleiras de pinho, cobertas com uma cortina de chita vermelha, guardavam a loiça.

– Ó Rita, vai ver se teu irmão está na venda. Querem ver que o diabo do Joaquim está a dar cachaça ao pequeno!

A Rita saiu, mas voltou depressa.

– Maneco já vem aí... – disse ela à mãe, olhando para trás com modo curioso.

Momentos depois a figura magra do Manuel balançava-se na soleira da porta. Vinha lívido, com os braços pendentes, as orelhas despregadas do crânio. Carolina teve um sobressalto, pôs-se de joelhos, a mãe ficou aterrada, à espera, ele entrou aos avanços e recuos, engrolando palavras, curvando muito os joelhos, com o corpo bambo. Toda a serenidade da fisionomia da ilhoa fugiu rápida, subitamente. Olhava para o filho atônita, esfarelando entre os grossos e raivosos dedos os últimos doces.

Ele ria, ria baixo fincando o queixo no peito da camisa de chita.

A mãe puxou-o num repelão, ele vergou pela cintura mas não caiu, amparado pelos pulsos e os joelhos dela.

– Burro! – gritava a ilhoa com o pescoço congestionado. – Burro! És a minha vergonha! Preferia que me tivesses entrado morto, pela porta adentro!

E dava-lhe socos.

O Maneco rolou por fim para o chão. A mãe, possessa, batia-lhe sempre, sem atender à Carolina, que suplicava, já de pé, com a brancura pálida do linho nas faces magras.

– Mamãe... mamãe!

O corpo mole do Maneco caiu estendido de bruços no assoalho. A mãe, vociferando nomes, bateu-lhe com o pé, como se tivesse dado numa coisa morta; depois, voltando-se, agachou-se num canto e dali contemplava o filho, silenciosa, com as faces apertadas entre as mãos grosseiras e as lágrimas rolando-lhe pela cara.

A Carolina estava trêmula, e a Rita, espantada, olhava com medo para tudo aquilo.

O Maneco bebia sempre, mas não chegara nunca àquele estado. O que atormentava a mãe era a lembrança de que esse vício fora inoculado no filho pelo vendeiro bruto, que se divertia embriagando as crianças...

– Não sei o que tenho que não dou cabo daquele maldito Joaquim! Foi aquele diabo que perdeu o Maneco... Oh, hei de vingar-me...

Dizia isso entre dentes, raivosamente.

– Mamãe... – murmurou a Carolina, procurando acalmá-la.

– Cala-te!

E depois de uma pausa e ainda voltada para a filha mais velha:

– Teu avô... o pai de teu pai, que lá o meu era um santinho, morreu cozido das monas que tomava. Sempre tive nojo do velho! Graças a Deus teu pai não tem o vício; e vai o rapaz sai-me assim! Credo! Que inferno!

O Maneco roncou, surda e arrastadamente; no rosto bronzeado da mãe o desprezo e a dor juntaram-se numa expressão terrível. Então a Carolina levantou-se, pegou com dificuldade o irmão, quase do tamanho dela, e levou-o no colo para dentro. Através do tabique ouvia-se o rosnar dele e o choro baixinho da irmã.

A Rita já tinha sustido por muito tempo a sua alegria; vendo desaparecer atrás da porta as pernas finíssimas do Maneco, começou a rir alto: a mãe, furiosa, fez-lhe um gesto de arremesso, ela calou-se atemorizada, e eu fugi.

Uma hora depois rebentava o barulho na casa da vizinha: o marido voltava do trabalho, a discussão começava, como todos os dias, mas desta vez pior, mais prolongada. Minha mãe fechou a janela e a porta, e mandou-me dormir.

Capítulo III

Ao expirar das férias, caí gravemente doente. Desenvolvera-se no cortiço a epidemia terrível de difteria, e o sarampo. Minha mãe, enlouquecida, não me desamparava... velava assídua noite e dia, por sua pobre doentinha, evitando o menor golpe de ar, proporcionando todo o possível conforto.

Logo no primeiro dia de doença, correu à casa do médico, de manhã, mas só à noite é que ele apareceu, o que a desesperava de impaciência... eu gemia baixo, enfraquecida e prostrada pela intensidade da febre. Delirei, tive sufocações medonhas e só depois de duas semanas pude levantar-me, muito trêmula e muito impertinente. O médico deixou de ir ver-me, mas ofereceu caridosamente seus conselhos sempre que dele precisássemos.

Principiou a convalescença, a época de desejos irrealizáveis e de excitações nervosas. Eu queria tudo o que não possuía, exigia impossíveis àquela pobre mártir, que tinha na voz súplicas e no olhar toda a meiguice de uma alma angélica!

Um dia quis ver a boneca da menina Lucinda, cuja lembrança não sei por que se despertou em meu espírito.

– Quero brincar com mademoiselle Rosa... – Mademoiselle Rosa era a minha ideia fixa.

– Deixa estar, meu amor – dizia a minha incomparável enfermeira. – Hás de ter também uma boneca assim...

– Mas há de ser já!...

– Já?! Pois sim, vou comprar-te uma agora mesmo...

– Não! Eu só gosto da Rosa!... – E chorava.

A Lucinda tinha ido viajar com a família e não podia minha mãe socorrer-se da sua generosidade.

– Não chores, que tornas a ficar pior... descansa, que hás de ter uma boneca muito linda... – E marejavam-lhe os olhos de lágrimas. Eu, apesar de muito crescida, não me envergonhava daquelas exigências.

Nem um ralho de minha mãe! Às impertinências manhosas e insuportáveis opunha sua resignação e seu grande medo de me ver outra vez febril e inerte.

No dia imediato, comprou-me uma boneca, para consolar-me. Deu-ma embrulhada e pôs-se à espreita, fixando avidamente em mira o seu olhar de santa. Desdobrei com as mãos emagrecidas o papel amarelo, em uma ansiedade nervosa. Quando vi o desejado objeto, levantei os olhos para minha mãe e, como se estivesse em frente de um espelho, vi nela retratada a minha decepção!

A boneca rolou para o soalho, onde permaneceu alguns minutos. Depois em um bom movimento, pedi-a, compus-lhe o vestido de gaze vermelho, salpicado de florinhas de pano, e adormeci com ela nos braços.

Restabeleci-me vagarosamente. Minha mãe redobrava-se de trabalho para pagar-me vinho fino e remédios caros. Era caprichosa, mas demoradíssima no serviço; faltavam-lhe as forças para sacudir o trabalho e desembaraçar-se depressa.

Voltei enfim à aula, agora com preguiça, saudade daquelas horas vazias entre a criançada da vizinha. A Rita entrou nesse ano, levada por mim, que lhe segurava a mãozinha trigueira, com ar vaidoso de proteção.

D. Aninha estava na sua cadeira de braços sobre o estrado. Em frente dela, em cima da mesa, misturavam-se com os lápis e as lousas raminhos de manjericão, rosas de todo o ano e galhos de alecrim, levados pelas discípulas. As rosas mais finas estavam colocadas num copo cheio de água. As adjuntas riscavam pedras, de cabeça baixa.

Apresentei a Rita à professora, dando-lhe o papelzinho que já viera escrito de casa, com o nome e a naturalidade da pequena.

Eu gostava naquele momento de um prestígio extraordinário; aquele ato simples de matrícula em que eu intervinha diretamente, fazia-me crescer diante dos olhos parvos da meninada ignorante. Desde então tomei grande preponderância sobre a Rita, que não fazia nada sem meu conselho!

Em cada ano que começa, há uma onda nova de meninas

que entram e um grande vácuo de meninas que saíram, algumas sem uma palavra ao menos de despedida!

Cada dia ocorre-nos à lembrança uma ou outra colega que não tornamos a ver!

É uma impressão delicada e estranha nas crianças, essa em que a novidade traz uma certa tristeza indefinível. Felizmente, ainda lá encontrei Clara Silvestre, com o seu formoso rostinho alvo e rosado, e o cabelo castanho, amarrado no alto com uma fita cor-de-rosa. Mostrava-se agora ciumenta de mim com a Rita, e toda ela, só para fazer-me pirraças, se dedicava a uma caboclinha risonha. De vez em quando fazíamos as pazes, e eram então abraços e beijos sem fim.

A professora começou a mostrar predileção por mim, dando-me muitas vezes uma cadeira ao seu lado para ajudá-la a tomar a lição das meninas do abecê.

Diziam que eu tinha muita paciência e muito jeito. As crianças deram em trazer-me também raminhos de alecrim e perpétuas, mal amarradas com linha.

Assim correu o ano. Chegado o mês de dezembro, tornou a época do descanso. Fiz meu segundo exame, com louvor. Minha mãe julgando-me suficientemente instruída, quis acostumar-me a ajudá-la, mas viu com tristeza que eu não tinha jeito para os trabalhos a que me propunha.

Mandava-me vigiar a panela, mas a comida queimava-se ou o fogo extinguia-se; olhava-me sem repreender-me, e uma ocasião disse-me com brandura:

– Tu não nasceste para isto, mas, filha, é preciso que te habitues; bem vês, somos muito pobres e, quando eu morrer, deves saber sustentar-te com dignidade e firmeza.

Ao ouvi-la falar em morte, desatei a chorar e prometi trabalhar; mas no dia seguinte entornei a panela nas brasas, que se apagaram.

Eu tinha então 11 anos.

Nessa idade lidava arduamente a Carolina; mas a Carolina era a Carolina! Um anjo condescendente e sofredor, que levava beliscões, tendo por isso nódoas negras em seu corpo de gafanhoto muito branco. A Carolina tinha juízo como uma senhora sensata, e coração imaculado; enfim, a Carolina não entrara nunca em uma casa como a da Lucinda, nem se vira em frente de um espelho, miserável e feia, ao lado de outra menina de sua idade, bela e orgulhosa!

Passei tristemente o resto das férias, e logo no primeiro dia de escola voltei à classe.

Chovia e estavam poucas meninas. Finda a lição, principiei a costura, a bainha de um lenço.

Uma adjunta conversava intimamente com a mestra, em um tom que mo permitia ouvi-las sem indiscrição.

Falava de si, de sua vida passada, dando graças a Deus por ter um emprego, cujo ordenado lhe consentia um certo conforto, evitando que o irmão, única pessoa da família, a protegesse dando-lhe cousas olhadas como supérfluas, por mais necessárias que fossem, pela cunhada rapariga invejosa e irônica, segundo frases suas.

– Estou morta por tirar a cadeira – continuava. – Só assim viverei tranquila.

A professora animou-a; ela retirou-se com um sorriso satisfeito, e eu fiquei pensativa.

Nessa noite sonhei que era mestra: tinha uma casa grande, com jardim, onde cantavam doidamente, em uma alegria exuberante e abençoada, os passarinhos. Quando acordei, disse o sonho à minha mãe. Vi-lhe no rosto lampejar a alegria.

Foi assim que desabrochou em meu espírito essa flor imaculada e santa, de aroma fortalecedor e doce – o amor ao trabalho. Eu projetava fazer fortuna a ensinar meninas! Queria um palacete, com espelhos e móveis esquisitos, atraía-me a figurinha nervosa brilhante de Lucinda, aquela visão que me plantou na alma o arbusto de negros frutos, cujo sabor me envenenava – a inveja!

Sonhando ser mestra, eu não imaginava o descanso, o repouso ameno que eu daria à minha mãe como recompensa dos grandes sacrifícios feitos por ela para meu bem-estar; eu não pensava em ser útil, em tornar-me necessária, imprescindível: eu não queria ser mestra para não morar em um cortiço mal alumiado, infecto, úmido, nesta terra onde há tantas flores, tanta luz e tantas alegrias. O caso é que, fosse qual fosse a mão que me escreveu no pensamento a resolução de vir a ser professora, pertencesse ela à tentação diabólica do luxo ou à compreensão de um dever, fosse qual fosse, eu a abençoo.

Continuei a estudar e fazia progressos. Os primeiros prêmios eram meus. Dava-os à minha mãe, que os guardava como relíquias em um cofre de madeira, onde tinha o retrato de meu pai e algumas cartas de família, amarelecidas pelo tempo. Por isso dizia-me, às vezes sorrindo:

– Nesta caixinha estão o meu passado e o meu futuro.

Uma tarde, voltávamos do colégio, eu e a Rita, quando no meio da rua tivemos de parar, estupefatas.

A ilhoa ia entre dois soldados, com o vestido esfarrapado, o cabelo solto, o rosto sangrando, coberto de arranhões. As mangas arregaçadas mostravam os seus braços de lavadeira robusta, avermelhados e musculosos, e havia um tal ar de fúria e de dor no seu olhar, que ela nem viu a filha, que chamava por ela, agarrando-se a mim.

À porta do cortiço havia ajuntamento de povo; algumas pessoas riam-se. O Joaquim vendeiro vociferava, roxo de cólera, empapando num lenço o sangue que lhe escorria do nariz.

Entramos em casa, trêmulas de susto. Soubemos tudo.

O Maneco tinha ido com a mãe ao médico; a ilhoa queixara-se: o pequeno não comia, não dormia, tinha tremuras nas mãos, o ar pasmado, e entrava a emagrecer de uma maneira espantosa. O médico, depois de um rápido exame, declarou o doente incurável. Aquilo era o efeito do vício, já não valia a pena dar-lhe remédios; que o deixasse beber à vontade, a morte não tardaria muito.

A ilhoa voltou arrastando o filho, atirou-o para a cama, recomendou-o à Carolina, e saiu de novo para a rua. Estrangular o Joaquim entre os seus dedos rigorosos era o seu intento, mas devagar, dizendo-lhe mesmo:

– Meu filho vai morrer por tua causa! Mas, antes que ele morra, hás de tu ir para o inferno!

A venda estava cheia de gente: ela não viu senão o dono, magro, amarelo, alto, perto do balcão seboso. Atirou-se a ele, esmurrando-o num extravasamento de cólera. Caíam copos, garrafas, uma barulheira medonha que ia atraindo os curiosos. Vieram os soldados, separaram-nos às pranchadas e lá a levaram para a polícia, com as mãos cheias de sangue e fios da barba do outro.

Dentro da casa, a Carolina chorava baixo, contendo o irmão que teimava em voltar para fora. Ela ouvia tudo, com o coração apertado, mas não faltando aos seus cuidados de ménagère. Minha mãe foi acompanhá-la, ajudando-a a deter o Maneco.

Carolina deu o jantar à Rita, obrigou o irmão a tomar um caldo, e arrumou depois tudo no armário, limpando as lágrimas ao pano dos pratos. Numa das voltas, minha mãe notou-lhe:

– Que é que você tem nas pernas, Carolina? Estão inchadas!

– Há muito tempo já que estão assim... cada dia engrossam mais... já não posso calçar as meias. Isto não é nada.

– Já falou ao doutor?

– Não, mas já tivemos aqui uma vizinha com a mesma coisa, e o doutor disse que era da umidade. A gente não pode mesmo morar noutro lugar. Isto não é nada.

Quando se tratava das suas doenças, ela dizia sempre, repetindo-se: isto não é nada.

Só no dia seguinte foi que a ilhoa voltou para perto dos filhos, e, mal entrou, desafogou-se em lágrimas.

Capítulo IV

O cortiço em que morávamos gozava da fama de ser um dos mais pacatos do bairro, devido à previdência do proprietário, um carroceiro português que morava com a família no local, na primeira casa à esquerda do portão.

Ele gabava-se de só consentir ali gente séria, e o caso é que os moradores ficavam atolados naquela ignomínia anos e anos, afeitos à promiscuidade e retidos pela barateza dos aluguéis.

Eu passava os nossos dias fora de casa no colégio e voltava sem pressa para o meu quarto, melancólico. Estudava com esforço; arrancava as ideias do cérebro dolorido, pertinazmente, lutando com a preguiça que me invadia toda, com a inteligência que fraqueava e repelia as lições. Oh! Mas o vexame daquele portão de cortiço, daqueles vizinhos que na fama de moderados se esmurravam e guinchavam impropérios, dava-me alentos para a luta.

O senhorio mascarou um dia a sua propriedade com o nome de avenida, caiou as casas, despediu um casal de pretos quitandeiros que empestavam de frutas podres todo o cortiço, fez uns tanques para as lavadeiras sem elevar o preço das suas casinhas.

Isso decidiu-nos a ficar por mais tempo. Ele bem sabia que a gente não podia ir bater a outras portas mais asseadas, o dinheiro era quase nenhum, e a saúde fraca. Entretanto distinguia-nos sempre com as suas menos rudes cortesias.

Duas casas adiante da nossa, ao lado da ilhoa, morava uma mulata gorda, a Eulália, lavadeira, que invariavelmente todos os sábados vinha cambaleando da venda, a falar alto, sobraçando uma garrafa de parati.

Toda a gente do cortiço se reunia e a provocava, rindo muito das suas palavras inconexas e dos seus esgares. Mandavam-na dançar, batiam palmas, assobiando lundus, incitando-a aos requebros em que ela bamboleava o corpo mal firme; às vezes a desgraçada ia ao chão; vaiavam-na estrepitosamente, ela então, zangada, atirava-lhes pedras e os chinelos, e eles fugiam, às gargalhadas, batendo com os tamancos ou os pés descalços no chão.

Na segunda-feira, Eulália, muito triste, com olheiras fundas e nódoas de pancadas no rosto, ia pedir-nos trabalho. Era então um grande sermão que parecia convencê-la: minha mãe admoestava-a muito, ela chorava e saía, com a grande trouxa de roupa, para o tanque.

– Veja lá, Eulália – dizia-lhe sempre a minha santinha. – Eu sou responsável por tudo isso, e não quero dar má contas aos fregueses…

– Fique descansada, não há de faltar nada.

E não faltava.

À direita da nossa casa ficava a de uma família galega, operários de uma fábrica de chinelos, a mulher, o marido e duas filhas moças, que iam todos os domingos para a casa de um tio aos subúrbios e fechavam-se as horas da comida para não repartirem os restos com o Lucas, que tinha o costume de pedir alimento a quem visse comer, ou ao tio Bernardo, o idiota velho que o carroceiro sustentava e a quem todos davam os magríssimos sobejos.

O tio Bernardo, um mina, pagava essas coisas ao proprietário, varrendo a calçada e lavando os esgotos com uma regularidade nunca alterada…

Entre todos os moradores da avenida distinguiam-se dois rapazes tiroleses, muito amigos, e que viviam juntos na mais pura harmonia.

Víamo-los passar todas as manhãs com as suas ferramentas de trabalho a caminho da oficina. O mais velho, Túlio, era carpinteiro, trabalhava muito e fazia pecúlio para ir buscar a noiva à Itália.

O outro parecia menos assíduo; voltava muito mais cedo para casa e chegou a provocar uma pequena desordem, tentando raptar a filha de uma paraguaia da mesma estalagem.

A mulher fez barulho, armou mesmo um escândalo, mas o Túlio interveio e tudo ficou em paz. Pois bem; dias depois desse acontecimento, correu rapidamente o boato de que o Giovanni matara o companheiro, seu protetor, seu patrício, quase seu irmão!

O tio Bernardo tinha-o visto sair alta noite, manchado de sangue, cautelosamente cosendo-se com a parede, a olhar para trás, como se temesse ser seguido; e, apesar do tio Bernardo ser um idiota, sem responsabilidade, vivendo por esmola no cortiço, toda gente lhe prestava atenção, fazendo-o repetir em frente ao quarto fechado a mesma coisa de instante a instante. Uns pingos de sangue na soleira justificavam a história do desgraçado demente, negro velho e hidrópico, de quem eu sempre tive muita repugnância e muito dó.

Eram sete horas da manhã; chovia, e à porta ainda fechada do quarto número dez ia-se ajuntando o povo. Ouviam-se exclamações:

– Oh...

– Parece incrível...

– Jesus!

– Aquele diabo, como era sonso!

– Eu sempre lhe achei má cara...

– Pobre Túlio!

A paraguaia lá estava, fazendo coro, com o filho mais novo no colo, e os dois gêmeos do penúltimo parto agarrado à sua saia de chita já rota, muito escorrida. E esticava o pescoço de cordoveias salientes, à espera da autoridade.

Às oito horas chegou a polícia e, afastando os curiosos, procedeu ao arrombamento da porta.

Houve então um murmurinho de espanto, e a massa de povo, já muita compacta, apertou-se ainda mais, avançando na sofreguidão de presenciar tão medonho espetáculo.

Para ir para a escola, tive de passar pela casa do Túlio e instintivamente olhei para dentro. Ele estava deitado de costas, com o peitilho da camisa manchado de sangue, a boca e os olhos muito abertos. Senti arrepios, e talvez caísse se minha mãe não me amparasse, apressando o passo.

Foram interrogados muitos moradores do cortiço, e averiguaram ter sido a morte causada pelo ferimento de um compasso no coração. O miserável Giovanni esperara que o amigo dormisse, e então, para mais livremente roubar-lhe o seu pequeno pecúlio, junto à custa de trabalho e de sacrifícios, enterrou-lhe desapiedadamente o ferro pelo peito dentro! Depois fugiu, levando consigo a chave de casa!

O caso é, infelizmente, vulgar, e se o narro é porque ele influiu no meu organismo de uma maneira incrível! Passava noites em claro, vendo o pobre Túlio morto, assistindo-lhe ao passamento, seguindo na minha doente imaginação os passos do criminoso, chegando-me muito para minha mãe, pedindo-lhe que acendesse a vela, cobrindo-me de suores frios, horrorizada, trêmula, enlouquecida! Sempre que passava pelo quarto número dez, voltava o rosto para o outro lado e acelerava os passos, mas as noites, sobretudo, é que me aterrorizavam! Desejava que os dias se prolongassem interminavelmente; só a luz do sol conseguia acalmar o meu pobre espírito, tão superexcitado!

Fazia com que minha mãe acumulasse de encontro à porta a mesa, a tábua de engomar, as cadeiras, a talha, toda a nossa mobília, para que, se alguém tentasse entrar, o estrondo daquelas coisas atropeladas nos despertasse! Ela sorria; dizendo-me que a nossa pobreza era conhecida lá fora, e ninguém perderia tempo e trabalho indo alta noite remexer meia dúzia de trapos sem valor. Mas eu instava, e ela fazia-me a vontade, com a sua condescendência angélica. Numa ocasião, uma saia pendurada na parede pareceu-me tomar formas estranhas, e mover-se ao impulso de um corpo humano, vivo, palpável. Era mais de meia-noite, minha mãe, extenuada de trabalho, dormia; eu encolhi-me toda e abalei-a de manso, suavemente, com os olhos muito abertos, fixos naquele pavoroso vulto branco, que parecia acenar-me de lá, misteriosamente!

– Que é?! – perguntou assustada a minha companheira.

– Acenda a vela depressa! – disse-lhe a meia-voz, muito trêmula. Ela levantou-se depois de ter ouvido o motivo do meu susto, despendurou a saia, sacudiu-a, para que eu me certificasse de que não estava ali ninguém, deixou que eu espreitasse embaixo da mesa e da cama e aconselhou-me a dormir, que ela ficaria velando pelo meu sono! E não fechou os olhos enquanto não me viu adormecida e serena!

Atravessei noites de grande calor, no pino do verão, com a cabeça embaixo dos lençóis, fugindo de ver em cada parede desenhar-se a figura assustadora do assassino de Túlio, o Giovanni! Emagreci; andava cismática, com medo da loucura, até que a pouco e pouco fui voltando ao meu estado natural.

Então trabalhava com maior regularidade e atravessava a noite de um sono só. Estava, pois, num período saudável, quando uma tarde, em que eu dava umas passagens em um casaco branco, reparei que minha mãe parara de engomar e ficara-se a olhar demoradamente para mim.

– Muito te pareces com teu pai! – exclamou por fim, num suspiro de indefinível tristeza.

Minha mãe raras vezes falava do passado. Fugia de referir-se ao seu tempo de fugitiva alegria. Nunca atinei com a razão disso. Sentia-me curiosa, mas sem coragem de evocar lembranças que a pudessem magoar.

Nessa tarde, porém, ela parecia ter necessidade de falar nos mortos, nos seus adorados amores...

Interroguei-a docemente, e ela, sem contrariedade, pousou o ferro no peitoril da janela, sobre um tijolo que servia de descanso, e veio sentar-se ao pé de mim, numa cadeira baixa, que até hoje conservo como lembrança dessa época.

Pela janela aberta entrava um ar frio e a fumacinha azulada do cano de ferro. A roupa, já borrifada, feita em trouxas apertadas, esperava os cuidados da engomadeira, que, pela primeira vez na sua vida, parecia fazer pouco caso dela.

Lá fora gritavam as crianças numa algazarra atroz e passavam rindo os carroceiros dos açougues, manchados de sangue, de volta do trabalho.

– Em que me pareço com meu pai? – perguntei, desejosa de ouvi-la.

– Em tudo, mas principalmente nos olhos; tens uma certa maneira de olhar como só nele conheci. Era também trigueiro como tu, mas menos pálido. A testa é que não se parecia tanto como a tua, mas os olhos! Têm os teus a mesma cor castanho-escuro, e as pestanas curtas, como as dele (as de minha mãe ensombravam-lhe as faces). Não era bonito, diziam os outros, eu achava-o lindo...

– Onde o conheceu?

– Na casa de um amigo nosso, que deu um baile e instou para que eu fosse... Como já te contei, de 3 anos apenas fiquei órfã de mãe. Não tive irmãos, criaram-me sem alegrias.

"Teu avô condescendeu em levar-me, porque não quis desgostar o amigo a quem era obrigado. Lá jogou toda a noite, deixando-me envergonhada na sala e dando-me a explicação do seu comportamento... Ele nunca entrava em casa antes de uma hora, e mais, da madrugada...

"Teu pai dançou muito e eu gostava de vê-lo. Foi tirar-me para uma valsa; respondi-lhe ingenuamente que não sabia dançar; ele sentou-se a conversar comigo... e foi assim que principiamos a gostar um do outro.

"Eu em casa entretinha-me com serviços grosseiros, não

tinha convivência, não tinha animação. Aprendera a ler e a escrever, mas isso mesmo mal.

"Fui pedida, teu avô opôs-se ao casamento, não me podia dar dote e teu pai era pobre... casei-me depois de muita luta e fui morar com a minha sogra, mas a boa velhinha morreu antes de um ano, e teu avô embrenhou-se por tal forma no vício, que ficou pobríssimo e desconsiderado. Chamamo-lo para o pé de nós. Ele continuou a jogar, a jogar, sempre cego a todas as súplicas. Endividou-se. Meu marido arranjou-lhe, com sacrifício, o suficiente para saldar a sua dívida e lavar-lhe a honra... mas foi tudo em vão!

"O vicio é como a água do mar, que, quanto mais se bebe, mais sede faz!

"O infeliz velho chorava como uma criança, abraçado a mim, jurando não pegar mais em cartas, e dali ia para a mesa do jogo! Aquela banca era um abismo onde se sumiam todas as nossas economias!

"Foi em uma casa de jogo que morreu de um ataque, num triste dia chuvoso...

"Saímos de Minas, onde já não tínhamos ninguém, e viemos para aqui. Teu pai arranjou várias escriturações comerciais, vivíamos com relativo conforto, num chalé ajardinado, compramos uma mobília modesta, mas asseada, tínhamos visitas, éramos considerados, recebíamos convites para festas em casas particulares, e tudo ia bem.

"Tu nasceste, e ele projetando arranjar-te um dote fez-se

caixeiro-viajante. Foi na última das suas viagens que lhe roubaram o dinheiro dos patrões que ele trazia consigo...

"Muitos contos de réis...

"Foi a nossa desgraça. Ninguém acreditou na sinceridade e, para não ser preso, ele fez a loucura de matar-se!"

Toda a minha alma se afundava numa dor imensa.

Chorei pela primeira vez a morte de meu pai, maldizendo-me, silenciosamente. Não fora eu, o motivo de tudo? Por causa do meu dote a sua desonra!

Pedi então a minha mãe que me explicasse: qual era a firma da casa de que ele era empregado?

– Braga & Torres.

– Como receberam a notícia de sua morte?

– Como a confirmação da culpa – respondeu-me ela num suspiro.

– Que morte escolheu?

– O veneno.

Tremi.

Sobre o pano que eu cosia caíam-me as lágrimas. Minha mãe não chorava, tinha os seus grandes olhos negros fitos no vácuo, onde se erguia, talvez, como um espectro saudoso, todo o seu passado...

O ferro arrefeceu no descanso. As crianças calaram-se lá fora. Só se ouviam os passos pesados dos carroceiros de volta da taberna, o assobio ondulado e sereno de algum rapaz vadio, e, com a bulha da onda a rolar na praia, o rumor surdo dos carros passando além, na rua...

Compreendi assim a razão daquele relaxamento em que caíramos.

A viúva de um ladrão não podia continuar na mesma classe de que a memória do marido a arrancara. Não era só uma mulher pobre, era uma mulher vilipendiada. Estávamos bem no cortiço, só aquele lugar é que nos competia...

Braga & Torres... Ah! Se eu pudesse alcançar milhões... ser rica... lançar à cara daqueles homens soma igual à roubada de meu pai... pagar...

E já não pensava noutra coisa!

Capítulo V

Os meses foram correndo. Eu estudava muito, mas, ou pelo esforço intelectual, ou por fraqueza física, estava sempre nervosa, irritada e magra. A minha preocupação constante era ser vítima de um desastre imprevisto.

Nunca cheguei a casa que não esperasse encontrar minha mãe morta, nunca atravessei uma rua que não imaginasse ser esmagada por um carro, nunca desejei uma viagem que não temesse um naufrágio.

Escondia essas coisas com recato, mas não podia fugir delas, numa obsessão imperiosíssima!

Minha mãe não compreendia bem o meu mal, então procurava distrair-me. Eu ia agora raramente à casa da ilhoa. O Maneco perturbava-me; sempre a tremer, muito desmaiado, com as orelhas descabidas para a frente, a cabeça raspada à escovinha, cheia de falhas de cabelo, das cicatrizes, dos seus trambolhões. Tinha o olhar parado, muito aberto; os ossos pareciam furar-lhe a pele, franzida e mole, de um branco opilado.

Doía-me ver aquela pobre criança, cerrando os dentes aos alimentos, sumida dentro da sua velha roupinha, que parecia crescer a cada uma das sacudidelas que ele lhe imprimia.

Uma tarde, tínhamos saído e voltamos depois das dez horas. Vimos luz no quarto da ilhoa, mas eu sofria de uma enxaqueca tão forte, que nem nos lembramos de indagar a causa daquilo.

Na manhã seguinte, como fosse domingo, não saí. Fazia frio e eu estava lendo por dentro da janela, enquanto minha mãe preparava o abraço. Vi então passar um caixão de defunto para a casa da ilhoa.

Estremeci; o caixão pareceu-me de gente grande, e o Maneco havia muito tempo condenado, era tão miúdo!... Fui ver.

O quarto da cozinha continuava limpo; somente as gravuras das paredes careciam de reforma. Ao fundo, perto do caixote da loiça, o dono da casa olhava fixamente para o chão, com as mãos pousadas nos joelhos afastados.

A Rita encolhia-se a um canto, com os seus formosos olhos muito abertos, e a Carolina movia o formidável trambolho das suas pernas, agora muito inchadas, tirando roupas de um baú; enchendo a bacia d'água, incensando a casa.

A porta do tabique estava aberta, e bem em frente, na cama estreita da irmã, o Maneco dormia o último sono, tão magro, tão branco, tão fino, que mal se distinguia nos lençóis.

A ilhoa sentou-se aos pés da cama contemplando o cadáver.

– Quando morreu?! – perguntei à Carolina, mostrando-lhe o irmão.

– Hoje de madrugada. Já há muitos dias que ele não conhecia ninguém... tremia... parecia que estava com um frio!

– Quando nasceu, era tão gordo! – Suspirou a mãe. – Todas as vizinhas mo invejavam... O meu rapaz!

Entretanto, a Carolina lavava o irmão com um pano molhado e vestia-o com muito cuidado, como se temesse desprender-lhe os braços ou as pernas...

Pesava um abatimento extraordinário sobre aquela gente.

Nenhum grito, nenhum acesso, nenhum ataque perturbou a tristeza grave, a solenidade daquela morte tão esperada e tão triste... Estavam todos cansados, silenciosos e quietos.

Chegou enfim a hora das despedidas. A Rita beijou o irmão na testa, fechando os olhos, com um leve estremecimento que lhe percorreu o corpo. A Carolina beijou-o na boca, inundando-o de lágrimas. O pai abençoou-o, muito comovido; a mãe então suspendeu nos braços aquele corpo imóvel de uma magreza transparente, e conchegou-o ao peito, como se o quisesse guardar; depois o beijou longamente, longamente, e foi depô-lo no caixão, sem flores, sem um crucifixo, sem nada...

Foi a primeira vez que eu a vi beijar um filho. Tive vontade de chorar; e saí.

No dia seguinte entrei pálida na aula. A mestra, notando o meu abatimento disse-me que eu fora nomeada e que principiava a vencer ordenado.

Fiquei logo contente, tão perturbada, que pouco entendi das lições e fui de uma benevolência excessivamente agradável para as minhas discípulas. Olhava impaciente para o relógio, como se o meu olhar impelisse os ponteiros para o desejado ponto! Almejava dar a grande nova à minha mãe.

Eu ia e vinha da escola com duas meninas da minha vizinhança, a quem o irmão ia buscar sempre às três horas; mas logo nesse grande dia o rapazito tardava e eu tinha ímpetos de sair sozinha! A princípio deixava minha mãe o ferro e ia levar-me e buscar-me; não queria que eu andasse só; depois travei conhecimento com essas pequenas, filhas de um carpinteiro, um bom homem honesto e franco que morava no mesmo quarteirão da nossa rua.

A pouco e pouco esvaziou-se a aula, e o filho do carpinteiro, sem se lembrar das irmãs! Fechei as gavetas da mesa, pus-me em ordem de partida... saíram as últimas pessoas, ficamos só as três! Na sala, ainda há pouco ruidosa, reinava um silêncio apenas cortado pelo tique-taque do grande relógio de parede colocado sobre o crucifixo de marfim, em frente ao retrato litografado do imperador.

As duas filhas do carpinteiro abriam a boca bocejando e encostavam-se às carteiras envernizadas, esperando ouvir a voz do irmão a chamar por elas. Assim estivemos até as quatro horas! Elas com fome, eu desesperada de impaciência reprimida! Logo que o pequeno chegou, saí quase a correr, arrastando comigo as minhas companheiras.

Ao ver minha mãe, lancei-me nos seus braços, participando-lhe tudo. Que jubiloso instante, esse era que eu, trêmula de comoção, disse poder contribuir para a nossa subsistência. Falei voluvelmente, loquazmente, beijando-a repetidas vezes nas faces, na boca, nos olhos, com uma efusão de ternura pouco vulgar em mim.

Depois de uns instantes, mais calma, chamada à reflexão pela sua placidez, combinamos sair no dia seguinte, domingo, a procurar na vizinhança do colégio uma casa pequena, independente e clara. Acabava-se a humilhação do cortiço; em breve deixaria de passar por aquele grande portão que me fazia corar de vergonha.

Para esse fim, saímos na manhã seguinte.

Estavam a concluir uma casa pequena, alegre e bonitinha, quase em frente ao colégio.

Convinha-nos. Dirigimo-nos ao senhorio. O aluguel absorvia-me o ordenado inteiro! Saímos desconsoladas e pensativas. Calculávamos em silêncio as probabilidades de realizarmos a mudança.

Tornamos a passar pelo chalé e paramos a vê-lo. Era elegante, cor de pérola, com uma veneziana de cada lado da porta e em cima os lambrequins de madeira, aos bicos, guarnecendo o beiral do telhado.

Continuamos a andar, sem dizer palavra.

Realmente precisávamos tomar uma resolução; mas, como o chalé não estava ainda concluído, decidimos esperar sempre dizendo que não nos convinha, mas com o sentido nele.

Assim estivemos muitos dias, até que uma circunstância inesperada obrigou-me ao arrojo de o alugar.

Eu tinha ido à tarde com a professora à Escola Normal e tomava notas da explicação de física, quando, levantando a cabeça, vira olhar atentamente para mim um rapaz desconhecido, alto, elegante, com uns grandes olhos muito brilhantes; baixei imediatamente os meus para o livro de apontamentos, contra a vontade, porém erguia-os de vez em quando e fixava-os rapidamente no ponto da sala de onde me vinha o doce brilho daquele par de estrelas luminosas. Deliciosa e atormentadora hora!

Uma colega, a meu lado, compreendeu a minha perturbação, e ria-se baixinho. Ao sairmos, disse-me ela maliciosamente:

– Bravo! Ele é muito chique! Empregou muito bem o seu amor, minha senhora!

E fez-me rasgadamente uma cortesia, deixando-me embaraçada.

O amor!... Imprudente rapariga, que me foi ela dizer! Que misteriosa porta abriu diante de mim!

Quem seria aquele rapaz? Que fazia ali? Não o soube nunca. O que é certo é que os seus olhos não se desfitavam de mim, e que eu tremia, corava, desfalecia de confusão e de enleio.

De repente, vi-me rodeada por todas as alunas da classe. Elas davam-me os parabéns, sorrindo, segredavam-me cousas de que eu não podia entender o sentido; pediam-me que lhes mostrasse as cartas recebidas, beliscavam-me chamando-me de sonsinha!

Eu não sabia defender-me; estava assustada e curiosa, como se tivesse de ouvir uma verdade!

Por fim, a minha mestra apareceu à porta, mesmo ao pé do tal rapaz dos olhos negros, e chamou-me. Obedeci e passei perto dele de cabeça baixa, como se tivesse praticado um crime; não sentia o chão sob os pés, ia aérea, ia nervosa, ia doente, ouvindo o pigarro indiscreto de todas as minhas companheiras agrupadas no corredor.

Quando me vi na rua, respirei o ar livre da noite, uma noite muito estrelada, com verdadeira alegria.

Tomamos o bonde; olhei para trás, ele entrara também! Apeamo-nos na esquina, ele apeou-se e seguiu-nos! Senti momentaneamente um grande júbilo, mas veio-me em seguida um pavoroso medo de transpor à sua vista o negro, o medonho portão do cortiço, aberto como uma goela esfaimada a todas as misérias e a todos os vícios!

Diminui a marcha vacilante. A professora perguntou-me o que eu tinha, pretextei uma enxaqueca, e ela deu-me bondosamente o braço. E assim nós fomos, a pouco e pouco, aproximando-nos da minha triste casa, daquele quarto metido no fundo de uma viela lamacenta.

Chegamos por fim ao portão do cortiço, paramos ambas; ela despediu-se, dando-me um beijo carinhoso e aconselhando-me cuidado: que dormisse bem abafada, que tivesse cautela com as constipações; e seguiu apressada, com um ar diferente do costumado. Eu entrei sem olhar para trás, com o rosto em fogo e o coração aos saltos, em batimentos desequilibrados.

O rapaz dos olhos brilhantes passou; ouvi-lhe os passos e vi-lhe a sombra desenhada fugitivamente numa parede branca. Nunca mais o tornei a ver na escola nem em parte alguma; mas foi ele quem me decidiu a alugar definitivamente o pequeno chalé cor de pérola, de venezianas verdes e lambrequins de madeira a guarnecer o beiral do telhado.

Entretanto, só agora, através de tantos dias de amarga experiência, me nasce no espírito esta dúvida que não me alvoroça, e me faz ter piedade de mim mesma.

– Seria a mim ou à D. Aninha que aquele rapaz dos olhos negros seguia?

E tudo me faz crer... que era a ela!

Capítulo VI

Fizemos a mudança. Agora entrava sem frouxidão a luz do dia na nossa morada alegre, com um belo cheiro de nova, toda envernizada e limpa. A mobília destacava-se de velha, rara e feia naquele ninho risonho e fresco; mas... ora! isso a pouco e pouco se iria arranjando também.

Minha mãe trabalhava sempre; assim era preciso para sustentar-nos. A nossa vida não decorria num cenário tão lúgubre, mas estava longe de poder ser considerada feliz.

Que desejava eu até aí?

Um cantinho independente e asseado. Tinha-o; que ambicionaria mais?

A ventura, que anda sempre arredia dos que nasceram sob uma estrela como a que me iluminou desde os primeiros passos.

Há sempre uma aspiração no fundo da nossa alma. Eu sentia-a.

A princípio indeterminada, vaga, doce, como a dúbia claridade violácea do amanhecer; mas o colorido suave cresceu, cresceu gradualmente até o afogueado brilho do incêndio terrível e implacavelmente consumidor.

Eu amava! Amava aquele rapaz elegante que me plantou no coração um sentimento desconhecido e cruel! Passaram dias e meses e nunca mais o encontrei. Foi porque me viu entrar para o cortiço, explicava-me eu...

Esse amor parecerá absurdo a quem não tiver, como eu tive sempre, a preocupação da fealdade; a quem não se sentir isolada na vida, longe de todos os primores da graça, da distinção ou da inteligência.

Eu, além de feia, era inabilidosa. Nunca soube fazer um laço, cortar um vestido, pregar uma flor. A pequenez dos meus olhos de um verde sujo, a cor trigueira das minhas faces de maçãs salientes, a longura dos meus braços finos e o modo desengraçado do meu andar, que eu nunca soube corrigir, asseguravam-me que ninguém pousaria em mim a vista com prazer; que eu cortaria a vida, de ponta a ponta, sem deter os passos de quem quer que fosse num movimento espontâneo de simpatia...

Convenço-me de que naquele rapaz eu não amei o homem: amei o Amor, o meu triunfo, a hipótese de ser amada – que é o melhor sonho de todas as mulheres, mesmo daquelas que brilham, que são formosas, que fascinam...

Amei o amor, e vivi embalada nesse idílio sem que os meus atos regulares e serenos traíssem as minhas comoções.

Continuei sempre na mesma escola; era a primeira a entrar e a última a sair: trabalhava com ânimo, com afinco. Estudava muito, porque a minha inteligência não me permitia o mais pequeno descuido: compreendi que só com muita aplicação alcançaria o meu fito; e lembrava-me, atônita, do que a mestra dissera à minha mãe quando fiz o meu primeiro exame: "Tem muito talento!..." Engano; o que eu tive sempre, isso sim, foi muito boa vontade.

Insinuei-me. A mestra apontava-me como exemplo às alunas e às adjuntas. Aquilo incomodava-me; suscitei invejazitas e deram-me maliciosamente a alcunha de "a santinha". Fingi ignorar tudo isso e prossegui na mesma placidez e assiduidade.

Assim cheguei à idade de 20 anos, passando o melhor tempo da vida a estudar para ensinar, ou curvada sobre a costura, ao lado de minha mãe, que enfraquecia muito e trabalhava sempre... Eu não tinha amigas íntimas, nem amores; não dançava nunca, não lia novelas... só no fundo da minha alma, se espelhava, como a luz crepuscular num lago, o luar saudoso e brando que ia a pouco e pouco esmorecendo, vestígio deixado pela claridade intensa daqueles olhos que tanto mal me fizeram e que tão vagarosamente se me iam apagando da memória!

A minha mãe inquietava-se com o meu estado e compreendia-o. Por isso pediu à mestra que instasse comigo para jantar uma ou outra vez com ela e que nas noites de reunião tivesse a bondade de se lembrar de mim.

A mestra prometeu satisfazê-la e cumpriu a promessa, ambas me deixando ignorante dessa combinação.

Dias depois disse-me a diretora:

– Venha hoje passar a noite conosco, Martha: reúno alguns amigos e não quero que falte.

Aceitei, embaraçada, o convite. Não transpusera nunca os umbrais das portas interiores. Do toda a casa conhecia o que as alunas conheciam. A mestra era bondosa, mas impunha-se ao respeito e evitava intimidades. Cumpria rigorosamente os seus deveres e não perdoava a quem não fizesse o mesmo. Ensinara-me desde o abecê e tinha por isso grande império sobre mim.

Empenhara-se na minha carreira; falara aos examinadores a meu respeito; protegia-me, levando-me à tarde à escola, como se acompanhasse uma filha, com a melhor vontade; e, apesar de tudo, não me convidara nunca para ficar a seu lado, contendo-me numa certa reserva e distância.

Aquele convite espantou-me, mas prometi ir, como se realmente pudesse ser notada a minha falta!

À noite vesti o meu melhor vestido, um de linho azul comprado com o produto do crochet, feito no recreio das meninas; pus no pescoço uma gravata de cassa branca, no peito uma rosa perfumada e fresca e dirigi-me, acompanhada até a porta pela minha santa mãe, que prometeu voltar a buscar-me às onze horas da noite, dizendo que me esperaria embaixo, na sala da entrada, onde não a vissem senão os criados.

Aquilo me entristeceu, mas como não ser assim, se a coitada não tinha um vestido apresentável?

Subi sozinha a grande escada da casa da professora. Ia envergonhada e trêmula, sem saber por quê; no meio da escada tive vontade de voltar para trás, de correr para minha mãe. Nas reuniões é sempre o momento da entrada o mais custoso para as raparigas tímidas e inexperientes, como eu.

Depois, lá dentro, confunde-se a gente com a multidão, e sente prazer nisso.

Cheguei acima a uma saleta de espera, iluminada por um lampião pendente, de vidro fosco.

Atrás das cortinas, numa janela sobre o jardim, conversavam alto, rindo, alguns rapazes. Parei interdita; para que lado deveria seguir? Da esquerda e da direita vinham rumores de vozes e de passos... um dos rapazes, percebendo a minha hesitação, veio oferecer-me o braço e levou-me pelo corredor até o toalete.

Entrei, procurei a minha mestra; não estava ali; sentei-me a um canto e pus-me a olhar para tudo.

Muitas senhoras, novas quase todas, vestidas de claro, com braços nus, mangas de renda, grandes buquês de flores, na cinta, ou no peito. Uma, em frente ao espelho, arrepiava o cabelo fazendo-o mais crespo; outra passava o pompom de pó de arroz nas faces e no colo; outra pregava alfinetes num buquê de cravos amarelos posto artisticamente no canto do carrê do corpinho; outras conversavam alto, abrindo e fechando os leques, como grandes borboletas de asas irrequietas; todas coradas, risonhas, elegantes, e felizes. Vendo-as, dizia eu comigo: "A mocidade é isto!".

É a alegria, o gozo, a beleza, o conjunto de todas as primícias ideais que pode ter a vida! Juventude! Não sou digna de ti!

Às minhas reflexões respondeu lá fora a música.

O quarto de toalete ficou depressa vazio; foram todas dançar. Fiquei eu, sentada no mesmo canto, encolhidamente.

Observei o que me rodeava, as paredes forradas de papel cor-de-rosa acetinado, com filetes dourados; a mobília austríaca, coberta com rendas, as mesmas que eu ajudara a fazer na aula; o tapete de rosas de lã, em que eu trabalhara também e que ali estava perto do sofá; o grande toucador cheio de objetos de fantasia, vidros de essências e ramos de flores. Levantei-me e dirigi-me para o espelho.

Que diferença entre mim e as outras todas! Subitamente me lembrei de Lucinda e voltei depressa as costas para o cristal puro em que se refletia a minha pobre imagem.

Como há doze anos, via-me humilhada, feia. Tinha o cabelo liso, entrançado na nuca, à Santa Catarina; o vestido simples, largo no corpo, as mangas muito compridas; o rosto lustroso sem aquela cor suave, aquele aveludado doce do pó de arroz.

Tornei silenciosa para a mesma cadeira, sentando-me triste e desiludida.

Minutos depois correram o reposteiro; ergui a cabeça e vi diante de mim a dona da casa. Levantei-me respeitosamente. Beijou-me e, passando-me o braço pela cintura, levou-me para a sala.

Quis resistir, balbuciei qualquer coisa que ela não percebeu, e achei-me no salão.

A mestra ria-se, parecia outra, mostrava-se jovial, alegre, adorável. Pegou-me na mão, repousando-a sobre a seda cor de ameixa do seu vestido, de uma maneira protetora e meiga. Contou-me que era dia dos anos do marido, o sr. Jerônimo de Andrade, e que uns colegas seus, empregados da mesma secretaria, tinham-lhe feito uma surpresa, indo em comissão levar-lhe um busto em bronze do pai, um velho de fronte serena e altiva.

– O meu sogro – dizia ela – tinha um coração de ouro e era o que se pode chamar um homem belíssimo.

"Coitado, foi infeliz!"

"Morreu na guerra, deixando viúva e doze filhos pobres! Os dois mais velhos tinham ido com ele, que já era então coronel. Quando minha sogra os viu voltar sem o pai, ficou como uma doida, coitadinha! Olhe: ela lá está; é aquela velhinha de preto com rendas na cabeça... Chorou muito ao ouvir o discurso do Silva e Souza, que foi quem fez a entrega do busto... tenho realmente pena que você não tivesse vindo mais cedo; assim teria presenciado essa cena, na verdade comovedora."

"O Silva é aquele rapaz de barba preta à francesa, que está conversando com a senhora ao lado, a de cor de violeta... é minha cunhada, mulher de um advogado, o dr. Torres..."

"Vê aquelas três meninas? São de um outro cunhado meu, médico; tem quatro filhas, cada qual mais bonita..."

"Vê aquela de cor-de-rosa, perto da janela?"

– Sim... a que está com uma ventarola de penas...

– Exatamente. É minha afilhada, Clotilde; tem uma esmeradíssima educação e é muito boa, um anjo!

Apresentou-me depois a outra sobrinha, a Leonor; cedeu-lhe o lugar e afastou-se para diferente grupo. A minha nova companheira era deliciosamente delicada, muito alva, muito loira, de olhos rasgados, úmidos, dum azul-escuro abismal; cintura fina, expressão angélica e vaporosa. Trajava de branco, como uma noiva, e engrinaldava-lhe a cabeça luminosa uma haste flexível de jasmins alvíssimos.

Conversou amavelmente comigo, até que a vieram buscar para a dança. Sentaram-se pessoas indiferentes a meu lado. Uma formosa menina morena que os rapazes rodeavam conversando lisonjeiramente... Organizaram uns lanceiros, e faltava numa roda um par. A dona da casa lembrou-se de mim e veio buscar-me, apresentando-me um velho conselheiro que fora roubar à mesa do jogo.

Estremeci de medo. Disse-lhe que não sabia... que não podia... que me achava doente...

– Não faz mal! Estamos em família... o conselheiro terá a bondade de guiá-la.

– Mas...

– Não temos "mas". Vá lá, é preciso que dance, uma vez é a primeira.

O conselheiro tinha um sorriso amarelo, frio, embirrativo. Não estava disposto, resolvera-se a dançar por obedecer à intimação.

Rompeu a música; fui, como para um sacrifício, para o meio da sala. Experimentava um mal-estar terrível, percorriam-me a espinha uns arrepios de frio pronunciadores de febre.

Os vis-à-vis sorriam-se com discrição; eu empalidecia e corava simultaneamente: o conselheiro dançava evidentemente aborrecido.

A minha tortura prolongou-se cada vez mais, à proporção que se complicava o desenho intrincado da quadrilha. Querendo ir para a esquerda, ia para a direita; voltava-me indecisa e reparava que se riam dos meus enganos, da minha desastrada gaucherie.

Logo que vibrou o último acorde, levou-me o conselheiro quase apressadamente para a primeira cadeira vazia que viu, e sumiu-se no longo corredor, em direção à saleta do jogo.

Serviram o chá. Tirei duma bandeja de doces umas pastilhas enfeitadas e guardei-as na algibeira, para levá-las à minha mãe. Quando levantei a cabeça, notei que uns rapazes me olhavam desdenhosamente, sorrindo do meu movimento.

Baixei os olhos, compreendendo que praticara uma grande asneira, já então irremediável; nisso ouvi uma senhora idosa perguntar distraidamente ao marido:

– Que horas são?

– Duas – respondeu ele, com todo o descanso e serenidade.

Estremeci. Duas horas, e minha mãe esperava-me às onze! Levantei-me, procurei em vão a dona da casa, atravessei o salão e desci rapidamente a escada.

Atrás de mim ficava uma multidão alegre, os risos, as flores, as luzes, tudo que, por efêmero, encanta a mocidade.

Sentada em um banco do vestíbulo, envolta em um xale preto de franja rala, minha mãe esperava-me, curvada e fria, olhando para o chão.

Bati-lhe no ombro, beijei-a na face, pedindo-lhe perdão da demora.

– Não faz mal – respondeu-me –, contanto que te divertisses...

Em casa contei-lhe tudo. Ela ouviu-me, ajudando-me a despir-me, e deitou-se tranquila ao meu lado.

No outro dia era eu, como sempre, a primeira a entrar na aula. Logo que a professora chegou, pedi-lhe, envergonhada, desculpa de ter saído, na véspera, da sua festa, sem me despedir; e contei-lhe tudo. Ela sorriu, perguntou se eu me tinha divertido, mostrando não ter notado a minha falta, nem mesmo ter dado pela minha ausência!

Aquilo desapontou-me, voltei para o meu trabalho, dizendo de mim para mim:

– Decididamente, foi só para isto que eu nasci!

Capítulo VII

Decorreram muitos meses sem a mais leve mudança. Aquela soirée foi um acontecimento extraordinário na minha vida e não me deixara, contudo, uma impressão grata... deslumbrara-me a princípio, mortificara-me depois. Eu, apesar da idade, do raciocínio e das grandes provações, tinha no fundo da alma sepultado um resto de vaidade, que, só no meio obscuro em que vivia ordinariamente, dormia o sono profundo dos sentimentos sopitados.

Chegaram por fim as férias e foi exatamente então que se apoderou de mim uma tosse cruel e uma febrinha impertinente, que me pintou nas faces duas rosetas de um vermelho violáceo.

Ao mesmo tempo vieram-me vertigens e horas de humor execrável, em que eu me fechava em um silêncio agressivo e doentio.

O médico aconselhou que me casasse. Aquilo era histerismo. Tais palavras foram como chicotadas que me bateram nas faces. Minha mãe ficou-se a olhar para ele, com os seus olhos tristes…

O médico sorriu e remediou:

– Ou então uma viagenzinha, distrações… ar puro…

Desdenhei-lhe o conselho por achá-lo irrealizável. Minha mãe, porém, não descansou, e foi ter com a mestra, a quem disse tudo entre lágrimas.

A ocasião era boa:

Ela fazia as malas para ir passar um mês no campo, em Palmeiras, onde alugara casa. Combinou-se tudo: minha mãe pediu dinheiro adiantado a um freguês antigo, o Miranda, homem generoso e bom; comprou-me sapatos, alguma roupa branca, que perfumou com pétalas de rosa e folhas de malva-maçã; consertou-me um vestido a mais, passando para isso a noite em claro; comprou-me a passagem, e entregou-me com um sorriso animador e confiante à mestra, pedindo-me que lhe escrevesse sempre, sempre…

Ao despedir-me dela, desatei a chorar convulsivamente… e arrancaram-na a custo de meus braços.

A viagem correu bem. A estrada era lindíssima… eu colava o rosto à janela, olhando para a mata esmaltada de flores esquisitas, iluminada pela brilhante luz do dia.

Quando chegamos a Palmeiras, descaía a tarde. O sol, muito vermelho, descia lentamente para as esparsas e inúmeras montanhas.

Na gare cimentada, pouca gente: o chefe da estação; dois rapazes magros e pálidos, convalescentes a ares; umas inglesas faladoras, mostrando os seus grandes dentes muito brancos nuns sorrisos abertos, e um velho escocês esguio, alto, muito simpático, o dr. Gunning, a quem o marido da mestra nos apresentou como nosso senhorio.

Findos os primeiros cumprimentos, o bondoso escocês rompeu a marcha, guiando-nos para casa. Subimos a pé ladeando um vale ao lado da estrada, cercado de framboesas. A brisa trazia-nos o aroma sadio das plantas agrestes, sutil e bom.

Continuamos a subir, por um caminho flexuoso, parte da encosta sobre o túnel, que leva acima, ao hotel; em mais de meio da estrada paramos em frente a uma casa branca com varanda de madeira preta... ao pé duns gramados alegres.

Era a habitação que nos destinara o bom velho. Entramos. O senhorio mostrou-nos obsequiosamente todos os cômodos, salas, corredores, quartos, a mobília, pouca e simples, e a esplêndida vista das janelas.

Que ar fino, que aroma saudável, que tranquilidade e que beleza!

Na vasta solidão azulada do céu brilhavam, no poente, os rubores quentes do grande astro a esconder-se; no alto, a luminosa e doce estrela Vênus...

Deram-me um quarto pequeno, mas claro e alegre. Tínhamos ido só três pessoas, além de uma criada.

O chefe da família gostava de caçar, a mulher de ler, eu de

escrever à minha mãe.

Logo de manhã cedo, dizia o dono da casa à esposa:

– Olha, Anita, não esperes por mim, que talvez não volte antes da noite... – E punha a espingarda ao ombro, a bolsa a tiracolo, o chapéu baixo, as botas até o joelho, e lá se ia pela estrada afora, assobiando alegremente.

– Vamos nós passear? – dizia-me então a mestra. E, segurando ela um livro e eu a minha cestinha de trabalho, punhamo-nos a caminho também.

O nosso senhorio, muito amável, convidava-nos a ir ler na varanda do seu chalé; aproveitamos muitas vezes o oferecimento. Entrávamos por um longo e estreito terreiro que havia ao lado da casa, onde uma arara já velha e cega catava com o bico muito curvo e grosso, as suas penas azuis, encarnadas e verdes. Eu parava sempre a cumprimentá-la, e tomei-me de simpatia por aquela ave, que, sem me ver e sem nem aceitar as migalhinhas de biscoitos e de pão que eu lhe levava, volteava-se resmungando, ora no poleiro, ora no chão. E assim, sem vermos ninguém da habitação, aberta sempre ao estrangeiro, chegávamos ao jardim, cheio de flores do mato; havia, entre outras, umas esponjas douradas, grandes como laranjas, num arbusto alto, elegante e fino. Entretinha-me a passear ali; depois subíamos os poucos degraus da varanda de pau, onde se enleava uma trepadeira cheia de campânulas cor violeta. Sentávamo-nos; d. Aninha começava a ler, eu a fazer crochet.

Cercava-nos um silêncio doce, cortado pelo zumbido de

uma ou outra abelha na perseguição das flores. Um perfume bom nos envolvia; e a aragem agitava as campainhas vidradas, cor de violeta, graciosamente.

Estávamos ali, as duas sozinhas, horas inteiras, sem animo de sair daquele recanto sossegado e bonito, até que, tomando uma resolução, d. Aninha levantava-se, fechava o livro, e descia comigo os degraus da varanda isolada, aberta na solidão do campo à contemplação da natureza.

Descíamos, em alguns dias, à grota, escorregando no terreno declivoso, rindo, agarrando-nos às ramas baixas das árvores para não cairmos.

Chegadas lá abaixo, ao fundo, ouvíamos o marulhar da água, colhíamos lírios amarelos e roxos, e, provendo-nos de coragem, ascendíamos à montanha, esfolando as mãos nos galhos, parando de vez em quando, sentando-nos a ouvir um canto melodioso de ave desconhecida ou a ver umas flores novas, garridas de cores e de aroma. E assim chegávamos à casa cansadas, mas satisfeitas.

Uma ocasião, em vez de descermos, subimos a montanha, colhendo framboesas e parando a miúdo para descansar. Passamos o hotel e caminhamos para diante, internando-nos no bosque, onde a luz do sol penetrava numa rendilhação luminosa. Cantavam os passarinhos; ouvia-se quase a germinação das plantas. Sentamo-nos em umas pedras; ela, d. Aninha, a ler, eu a colecionar folhas e flores campestres. De repente sentimos estalar uns galhos e ouvimos rumor de vozes; voltamos a cabeça e esperamos atentas. Apareceu, rindo ruidosamente, um grupo de rapazes; vendo-nos, um deles soltou um exclamação, um oh! prolongado e admirativo que encheu a floresta. Era um conhecido da cidade, um parente da minha companheira. Os outros rapazes conservaram-se à distância, tirando respeitosamente o chapéu, o primeiro destacou-se do grupo e veio cumprimentar a prima, muito mais velha do que ele, mas com quem tinha certa confiança. Acenou aos outros que seguissem, e sentou-se num tronco partido ao pé de nós.

– Então, Anita, aproveita as férias? Faz bem. Isto é realmente encantador, adorável, esplêndido! Venho muito para aqui no verão… e às vezes, mesmo no inverno, não resisto. Ver desfazer-se o nevoeiro lá do alto do terraço do hotel é divinamente ideal. Demora-se por cá?

– Um mês.

– Bravo! Eu também pretendo demorar-me uns quinze dias pelo menos… Gozo também as minhas férias! Depois de formado, de senhor doutor, adeus dias destes! Já me lembrei de montar em Palmeiras uma casa de saúde em ponto grande… que tal? Ora! Mas isso acabaria por enfadar-me. Para apreciar estes belos quadros do mais estranho e delicado matiz, esta esplêndida natureza rica de pompas, farta e boníssima, tão variada e tão simples, tão encantadora e soberba; para dar valor condigno a todas estas maravilhas que se impõem ao mais rude, ao mais ingrato espírito, é precisa a mesquinhez da cidade, as ruas estreitas rumorejantes, o zum-zum do povo, o calor, os mosquitos, os benefícios das atrizes más, as reuniões dançantes a que não podemos faltar, e a saturação de outras calamidades...

Anita ria-se e respondia ao primo, que falava sempre, olhando de vez em quando para mim, a quem do mesmo modo dirigia a palavra.

Continuei a enramalhetar as minhas flores, mas muito maquinalmente. Toda a minha atenção estava presa a esse rapaz, de rosto oval, grande bigode castanho, olhos maliciosos e ternos a um tempo, cabelo ondeado e sedoso, mãos finas, esguias e brancas. Experimentava um prazer indefinível em ouvi-lo tagarelar voluvelmente. A sua voz era para mim uma música.

Prolongou-se a conversa, transformando-se insensivelmente o assunto. Seguimos depois juntos até a casa. O primo da minha amiga prometeu voltar no dia imediato, para levar-nos a ver um chalé muito lindo, além, cercado de flores silvestres, armadas no mais delicioso dos jardins.

– Venha almoçar conosco amanhã, Luiz – disse-lhe d. Anita. Ele aceitou o convite e partiu.

Ao vê-lo voltar costas, pusemo-nos a falar a seu respeito; eu ouvia interessada a história, um tanto romanesca, que a mestra lhe atribuía. Aventuras amorosas, rasgos de generosidade, cavalheirismo levado ao mais requintado apuro, alguma inteligência e muita pretensão...

Cousa singular: nessa noite, no meio de sonhos atribulados e febris, confundia com o rapaz que havia três anos demorara tanto em mim os seus olhos, o que me aparecera pela primeira vez naquela manhã!

Levantei-me mais cedo, impaciente sem saber por quê; tive mais apuro na toalete, fiz um penteado novo, e prendi no meu corpete, abotoado à militar, um ramalhete de flores!

E nesse dia esqueci a minha fealdade.

O sr. Jerônimo desistiu da caça e prometeu fazer-nos companhia.

Luiz tardava; decidíamo-nos a almoçar sem ele, quando o vimos entrar com uma apurada toalete e um sorriso amável.

Aos ralhos da prima opôs uma humildade desarmadora de todas as indignações.

– Que querem? – exclamava ele. – Passei uma noite agitadíssima!

– Não dormiu, primo?

– Dormir!? Eu nunca pratico semelhante vilania! Dormir! Oh! Aninha, pelo amor de tudo que lhe é caro, não me julgue tão banal! Eu compus, eu li, eu contemplei no meio das sombras que me cercavam o inquieto tremeluzir das estrelas, eu...

– Basta! Eu sei que o primo fez tudo isso, mas que se esqueceu do principal.

– Do principal? Olhe; é provável. O que julga principal, prima?

– A sua tese, os seus estudos!

– Os meus estudos! Eu vir estudar medicina em Palmeiras! Que horror, que monstruosidade! que inacreditável prosaísmo, e que mau gosto! Não me repita tais palavras, prima, se não me quer ver cair a seus pés num delíquio mortal!

Chamaram-nos para a mesa, onde reinou sempre muito bom humor, graças à alegria, à infatigável alacridade daquele simpático rapaz.

Acabado o almoço, saímos. Íamos quatro, sendo eu sempre a mais silenciosa.

Percebi que o Luiz perguntava atrás, ao primo, quem eu era. A resposta foi num tom tão baixo, que não me foi possível ouvir nada.

Chegamos ao decantado chalé; estávamos fatigados, sentamo-nos no jardim gozando a esplêndida paisagem fronteira. Depois de uma grande pausa contemplativa, exclamou o nosso cicerone:

– Se eu fosse rico, fabulosamente rico, construiria além, sobre o pico daquela montanha, na eminência mais alta, um grande castelo, memorável pelo mais assombroso luxo. Havia de ser visitado pelas notabilidades das cinco partes do mundo, por todos os artistas celebres… um delírio! Dava-me na vontade fazer ressoar por aí afora umas músicas da Boêmia? Mandava vir uma orquestra de boêmios… Queria Rubinstein? Pois bem, ouviria o grande pianista executar para mim as suas mais estupendas dificuldades.

"Teria jardins suspensos, como a bela rainha da Babilônia, e grutas subterrâneas, iluminadas por grandes focos de luz elétrica.

"Espalharia por essas florestas faisões asiáticos, gazelas

europeias, avestruzes africanos, lebres da Oceania e os mais raros exemplares de animais da América.

"Andaria em palanquins de ouro crivados de pedras finas, aos ombros de índios fortes com vestes de sedas riscadas e cores brilhantes: ou no dorso de elefantes brancos ajaezados a pedrarias; não obstante, teria cadeirinhas chinesas de marfins embutidas e tartaruga e prata; phaetons ingleses puxados por parelhas custosas: landeaux franceses forrados de xale de tonquim branco, flácidos e cômodos; trenós russos, que eu faria deslizar em caminhos nevados, artificial mas deslumbradoramente; cavalos de todas as raças, ajaezados à moda de todos os países; grande escolta fantasiosamente trajada; salas de cristal, salas de filigrana em ouro, salas pintadas pelos melhores mestres da arte de Rembrandt e de Murilo.

"Escorjaria os meus inimigos de inveja, e teria depois o prazer de os ver, arrependidos e cubiçosos, irem juntar-se como animais gregários, comendo nos meus pratos de Sèvres e da Índia a carne fina dos meus pavões. Criaria uma cidade, numa daquelas montanhas, deixando entre ela e o meu castelo a floresta escura, silenciosa e bela, de onde não me viessem murmúrios de vozes nem ecos das paixões humanas.

"Os moradores da minha cidade seriam escolhidos entre os paupérrimos das grandes capitais, teriam casa ajardinada, banhada de luz por todos os lados, com água farta e pura e um panorama esplêndido em frente, a perder-se na imensidade.

"Construiria nela um edifício espantoso de beleza e grandiosidade, onde hospedasse os mais célebres pintores, escultores e poetas; mandados vir de além-mar nos meus iates de ouro, com a única e determinada condição de ficarem gozando ali seis meses de luxo, mas deixarem uma obra original no meu rico museu!

"Um paraíso, meus amigos, pleno de enlevos, transbordante de maravilhas, onde não seria permitido politicar (sob pena de expulsão), onde todas as mulheres teriam, como primeiro dever, serem belas; os homens, fortes e inteligentes; os velhos, bons; as crianças, meigas; e todos muito leais, muito gratos, e muito meus amigos!

"Enfim, o rei Luiz da Baviera ficaria enfoncé!"

O marido de Anita sorria, desdenhoso.

No seu largo rosto vermelho, salpicado de grossas camarinhas de suor, estampava-se o contentamento de quem nada mais ambiciona. Aquele sossego doce, aquela distância da cidade, do trabalho cotidiano e monótono, bastavam-lhe como ideal de ventura.

Embora percebesse no primo um sentido romanesco e falso, desagradavam-lhe as suas teorias e impacientava-se com o prolongamento da exposição. Por isso, aproveitando a primeira pausa, exclamou:

– Pois eu, se fosse rico, iria viajar, vindo depois viver aqui, assim sem luxo, sem vaidades tolas, nem lisonjas importunas. Roupa leve, simples, mesa farta, boa espingarda, um perdigueiro adestrado... sono de boa saúde e nada de músicas, nada de danças nem de recepções. Para o homem este repouso tranquilo, esta amenidade, é a maior alegria, o gozo mais salutar e edificante.

E discutiram ambos a melhor maneira de desfrutar a riqueza.

Entrei por fim na conversa, instada por d. Anita, que me perguntava repetidamente:

– Que faria se fosse rica assim, Martha?

As minhas aspirações eram modestas, em poucas palavras disse tudo. Quando acabei, vi fitos atentamente em mim os olhos de Luiz. Desde esse momento não pude conservar por muito tempo os meus longe dos dele. Ao voltarmos para casa, ofereceu-me o braço e, inclinando-se para mim, conversava risonho, olhando-me de perto...

Disse-me ser estudante de medicina, que o seu ideal não era a riqueza nem a ostentação, nem os falsos e efêmeros prazeres, mas sim um lar iluminado pelo olhar doce de uma esposa honesta... um coração sincero, bondoso e terno, onde sepultasse toda a sua vida...

Eu ouvia-o comovida e feliz.

E desde esse instante idealizei o meu futuro risonho e ameno:

Seria eu essa esposa, que lhe desse ventura. A nossa casa havia de ser um ninho dentro de um jardinzinho muito fresco! Eu plantaria trepadeiras a emoldurar a janela: umas rosinhas delicadas que se desfolhassem sobre as nossas cabeças, quando enlaçados e amantes nos debruçássemos no peitoril, segredando mil ternuras de amor! Minha mãe presenciaria aquele quadro num embevecimento e assim realizaríamos o mais formoso e o mais querido dos sonhos. Luiz olhava-me com persistência, sorria-me, distinguia-me com os pequeninos nadas de um pretendente apaixonado. Entreguei-me feliz ao meu amor nascente, cheia de confiança e de ilusões.

Que dias aqueles para a minha alma triste! Que dilúvio de promessas, que doçura de esperanças! Outra expressão amenizava a minha fisionomia rebarbativa. Tornara-me expansiva, risonha, quebrara a minha mudez doentia; se não tivesse a quem, eu falaria aos passarinhos!

Capítulo VIII

Voava o tempo alegremente.

Luiz frequentava a casa com assiduidade e levava-me de todas as vezes flores colhidas nas suas excursões, de que tinha sempre a contar um caso pitoresco.

Desapareceu-me a tosse e a febre; tornei-me mais gorda e corada, risonha e feliz! Logo de manhã cedo saía, encontrava quase sempre o Luiz, que caminhava ao meu lado, falando e fazendo-me falar, rindo-se descuidosamente e afirmando que eu tinha espírito por dez homens… Eu acreditava naquilo e sentia em verdade o que não experimentara nunca: muita facilidade em expressar-me e uma alegria saudável, nova, que me invadia toda. À tarde tornávamos a sair; íamos à gare, ou ao alto da montanha ver a grande pluma branca do fumo da locomotiva aparecendo além nos túneis… D. Anita assestava o binóculo e ficava-se em contemplação. Luiz lia-me então uns versos feitos nesse dia; cousas banais mas lisonjeiras, que eu achava muito bonitas...

Dava-me depois o original, com um modo significativo; eu lia e relia aquilo, cada vez mais encantada. Hoje, quando qualquer desses papéis me cai nas mãos, sorrio da minha ingenuidade de então!

Numa dessas tardes, em que ele acabara de ler-me um madrigal amoroso e terno como um arrulo, formou-se subitamente uma tempestade medonha. Os trovões rebentaram furiosos.

As nuvens baixavam, negras, enoveladas, grossas, lambendo os cimos dos montes, colorindo-os com um véu esfarrapado e fumarento, deixando aparecer nos seus pedaços rotos as manchas verde-negras da vegetação. Voavam em bando as aves grandes, assustadas, a baterem com as asas sobre as nossas cabeças, num frá-frá medonho!

Principiamos a descer rapidamente a íngreme colina. Faiscavam no ar, ziguezagueando, fitas luminosas. Corríamos os três; d. Anita corajosa, Luiz risonho, eu espavorida.

Desde criança que as tempestades tinham sobre mim uma influência enorme. O meu temperamento melindroso parecia elétrico. Eu maldizia a minha natureza tímida e nervosa e não sei como pude correr, estando assustada e cega de medo, um medo indescritível! Parecia-me sem fim o caminho. A chuva principiava, caindo em gotas grossas. Deparamos com a cabana de um negro lenheiro, um velhinho engelhado, bondoso, e recolhemo-nos ali. Luiz rindo sempre, d. Anita séria, eu de mãos postas.

Ia escurecendo cada vez mais. Em frente à porta aberta olhávamos para a estrada erma, à espera de uma estiada para continuarmos a caminhar.

Estaríamos talvez a um quarto de hora naquela expectativa quando uma figura de mulher atravessa a estrada.

Era uma hóspede do hotel, rapariga nova, alta, bonita, rosto cor de leite e rosas, duma frescura encantadora, emoldurado pelos anéis sedosos do cabelo loiro-cinzento; filha de um paralítico norte-americano, que não saia nunca e estava a ares no campo.

Ela andava sempre acompanhada por um grande cão da Terra Nova que lá ia ao seu lado, a passo.

O lenheiro chamou-a, oferecendo-lhe agasalho; ela agradeceu com um gesto, dizendo que assistira lá do alto à formação da tempestade – que adorava aquilo!

Apesar de toda a minha aflição, percebi que aquela rapariga singular e romântica produzira em Luiz uma profunda impressão. Ele curvara-se para fora e saiu a acompanhá-la com a vista, não obstante os ralhos da prima...

Esperamos ainda uma hora, mas a chuva aumentava, e decidimos partir.

Saímos; a uns cem passos, se tanto, da nossa habitação, um enorme estampido que foi repercutindo de eco em eco abalou a montanha.

Senti fogo nos olhos, dei um grito inconscientemente, e cairia se não me amparasse Luiz, que tentou levar-me nos braços; tive forças para resistir e, guiada por ele, cheguei à casa.

Passei a noite num sono e acordei restaurada das grandes sensações nervosas que me haviam agitado. Da véspera só me restava uma impressão, e essa amável: a dos braços de Luiz amparando-me carinhosamente... estremecia de inefável júbilo, de inenarrável contentamento! Voltavam-me à memória todos os incidentes do passeio e demorava-me a meditar no madrigal, dirigido a mim, ao meu coração bondoso e meigo...

Sem receios, desvanecida completamente de lembranças da americana, preparei-me e entrei na sala.

Nesse dia esperamos em vão por Luiz. Eu ia à janela, voltada para o interior, e descia ao jardim, sem que em nenhuma das vezes lhe tivesse lobrigado a sombra.

D. Anita parecia não estranhar a falta do primo; e fingia talvez não perceber a minha impaciência. Em que inquietação passei! A quantas probabilidades atribuí aquela demora! A mais atormentadora era a ideia de que estivesse doente... sim, bem podia ser que lhe tivesse causado grande mal a chuva e o vento da última tarde...

Estávamos ao jantar quando sentimos passos no corredor. “É ele!”, pensei, e o coração bateu-me com força.

Olhei alegremente para a porta e vi, desiludida, entrar um empregado da estação, que entregou ao dono da casa um telegrama da corte; era da família, chamando-o às pressas, para ver a mãe, atacada nesse mesmo dia de uma congestão cerebral.

D. Anita resolveu logo seguir também e principiamos a arranjar as malas.

Devíamos partir no dia seguinte ao meio-dia, e consegui deixar nessa noite prontos todos os meus preparativos de viagem.

Pouco dormi; de manhã cedo abotoei o meu vestido escuro de gola alta, pus o meu grande chapéu de abas largas e saí, afirmando que era para despedir-me do lugar.

Nunca o sol me pareceu tão claro, tão luminoso e belo. Dizia-me não sei que voz íntima que encontraria Luiz pela última vez, nessa solidão perfumada e tão digna do nosso amor! O adeus, imaginava eu, quebrará o encanto, e ouvirei enfim dos seus lábios a suprema palavra, o amo-te, que nos ligará por toda a vida!

Os pássaros cantavam alegremente, saltitando de galho em galho. Num espreguiçamento voluptuoso, as hastes de trepadeiras cobertas de campânulas azuis, brancas e roxas iam-se entrelaçando, e no fundo escuro da folhagem erguiam-se como cibórios de marfim, os perfumosos copos-de-leite.

A cada curva do caminho eu divisava lá embaixo os grandes vales atufados em verdura, arqueando-se aveludadamente de montanha em montanha, até se esfumarem além num tom vaporoso e violáceo.

Nesse embevecimento das coisas e do sentimento que me

dominava, eu fui-me aproximando da casa amarelada, lá em cima, sobre o túnel, dominando a vastidão cheia de luz. Chegando junto ao portão do hotel, entreaberto, parei atônita, gelada, como se me tivessem vestido de neve subitamente.

Sentada num banco do jardim, muito perto do gradil da estrada, a filha do paralítico, com a cabecinha brilhando ao sol, e os pés mergulhados no pelo farto e negro do seu grande terra-nova, dialogava amorosamente com Luiz!

Ele rodeava-lhe a cintura com o braço, numa intimidade que me encheu de espanto. Ouvi-lhes as vozes unidas como um murmúrio causado pela mesma quebra d'água ou a mesma ondulação da brisa.

É que as palavras de ambos vinham ao fluxo da mesma onda, rolando em igual sentimento.

Segurei-me aos varais de ferro para não cair, senti uma vertigem; respirava alto, escutando-lhes sem as entender, mas adivinhando-as claramente, de uma nitidez infernal, as suas expressões meigas e apaixonadas.

É verdade que eu aprendera alguma cousa de inglês com d. Anita, que, vendo a minha boa vontade para os estudos, me propusera bondosamente ensinar-me; mas a minha instrução limitara-se a uma meia dúzia de termos familiares. Contudo, isso habilitou-me a poder conservar na memória duas frases, unicamente duas, de entre tantas que eles trocaram, e essas mesmo por serem compostas com uma ou outra palavra já minha conhecida.

– *Do you love me?* – perguntava-lhe ele, a envolvê-la com um olhar úmido, untuoso como um favo de mel.

– *Oh yes, yes... with all my heart!* – respondia-lhe ela, languemente, coando por entre as pestanas cerradas a luz azul dos seus belos olhos rasgados.

Eu via-lhes os perfis; eles estavam de costas para mim; mas com os rostos voltados, quase unidos, num embevecimento!

No pescoço roliço e branco da americana, brincavam os anéis do seu cabelo preso no alto, e aqueles fios crespos, curtos, soltos, agitados pela viração, polvilhavam-na de oiro. Achei-a linda e enchi-me de raiva por aquela beleza.

Tapei os olhos com a mão muito fria e trêmula, e cambaleante voltei, caminhando por um grande espaço ao acaso, sem cuidados, sem precauções. Era tal o estado de concentração de ambos, que não ouviram os meus passos, nem a minha respiração forte e precípite! Maldita, maldita hora aquela!

Desci olhando para o grande vácuo a meus pés, com tentações de despenhar-me naquele abismo azul. Faltava-me o ar. Agitei os braços invejando as aves que voavam lá em cima, longe deste mundo traiçoeiro. Passei indiferente pelos chuveiros de flores doiradas, vaporosas, que pendiam dos galhos musgosos das árvores folhudas, e deixei-me cair quase desfalecida num pequeno combro gramado, à beira da estrada.

Demorei-me ali não sei quanto tempo; ouvindo vozes de pessoas que se aproximavam, levantei-me e segui para casa.

D. Anita estava impaciente à minha espera.

– São horas de nos irmos embora; eu estava com receio...

– De quê?

– Que lhe tivesse acontecido alguma desgraça!

– Não me aconteceu nada – respondi-lhe, e ai de mim! Tinha-se desmoronado todo o meu futuro!

Em caminho da estação perguntei-lhe, procurando uma confirmação para a minha suspeita:

– Que quer dizer "Do you love me"?

– "Amais-me?" – respondeu-me ela, sorrindo maliciosamente, e depois: – Por quê? Algum inglês disse-lhe isso hoje?

– Qual! Mas ouvi um inglês dizê-lo a uma inglesa!

– Sim? E ela ficou silenciosa, baixou os olhos... corou... não é verdade? – E sorria.

– Não... ela replicou muito firme: "*yes... yes... with all my heart*". E que significam as últimas palavras?

– "Sim, sim, de todo o meu coração". Ora, Martha, como pôs sentido na conversa! Mas que gente era essa?

– Eu sei lá... uns ingleses.

Chegamos à gare; o comboio ainda não estava.

Sentamo-nos no banco e pela vigésima vez contei, a pedido de d. Anita, os volumes que trazemos; o sr. Jerônimo, muito triste, não se preocupava com coisa alguma, consultava o relógio e praguejava contra a demora do trem.

Ao meio-dia partimos. O respeitável e bondoso dr. Gunning veio despedir-se de nós à gare, e umas crianças pobres trouxeram-nos flores. O comboio sibilou, oscilou e partiu.

Antes e depois dos túneis víamos paisagens encantadoras, montes, vales sucedendo-se, árvores frondosas, e logo no fim do primeiro quilômetro, à direita, a cascatinha soluçante, graciosa, aonde numa tarde viéramos com Luiz...

Minha mãe, avisada por mim desde a véspera à noite, esperava-me. Confundimos os nossos beijos e as nossas lágrimas. Ela achou-me mais forte; e achei-a mais magra e muito abatida, muito!

Conversamos a noite inteira.

Ela falou-me com elogios no antigo freguês, o Miranda, que a protegera e se interessara por mim, perguntando-lhe sempre notícias e lendo as minhas cartas com prazer... É agora nosso vizinho, acrescentava ela; um bom homem, aquele.

De Luiz evitei sempre falar.

No fim de uma semana recomeçaram as aulas.

Capítulo IX

Tinha gasto toda a força afetiva da minha alma. Nenhum amor viria arrancar-me aquele estado doloroso em que por tanto tempo permaneci.

Tornei-me excessivamente nervosa; passava outra vez horas em silêncio; a mínima coisa me impacientava; tinha o gênio irregular e frenético.

Minha mãe olhava-me desconfiada e triste, sem coragem de indagar o motivo do meu mal.

Uma noite acordou à bulha dos meus gritos e foi encontrar-me num ataque; ajoelhada aos pés do meu leito, chorava acariciando-me, trêmula de medo... Os ataques repetiram-se muitas vezes, deixando-me prostrada, enfraquecida.

Uma vez, vencendo o constrangimento, perguntou-me, doce, maternalmente, qual o motivo do meu pranto...

Respondi-lhe desabrida, asperamente. Ela fitou em mim com estranheza os seus grandes olhos magoados, e calou-se.

Tive remorsos, e não achei meio de remediar o meu erro!

Assim passei, inquieta, febril, quase doida, muitos e muitos meses.

Minha mãe assustava-se, e foi um dia consultar o médico; ele aconselhou-lhe que me fizesse tomar banhos de mar e que me desse distrações.

A infeliz redobrou de atividade: prolongava os serões até tarde e levantava-se ao romper da manhã; sempre resignada, sempre a olhar-me com um sorriso, sempre a esforçar-se por tranquilizar-me.

Para pagar-me os banhos, fazia sacrifícios de saúde e de força; no entanto, eu era menos assídua na aula e sofria descontos no ordenado! É que passava noites em claro, revolvendo-me, mordendo-me, chorando; e de manhã, prostrada, adormecia profundamente; ela então, a minha pobre amiga, cerrava com cuidado a janela e ia trabalhar na sala, silenciosamente.

Num domingo fomos dar um passeio a um dos subúrbios, à busca de ar puro e de distração, coisa que eu não encontrava nunca. Tínhamos descido no Engenho Novo e caminhávamos a pé pela estrada, quando notei o extremo cansaço de minha mãe.

– Sentemo-nos aqui – disse-lhe, mostrando o paredão baixinho que ladeava a estrada.

– Estás cansada?

– Eu não! Mas a senhora está...

– Por mim... podemos continuar...

– Não. Sente-se aí; eu vou só até aquela curva do caminho e já volto...

Assim fiz. Minha mãe sentou-se; estava lívida, arfante, com as mãos apoiadas ao muro e o busto inclinado para a frente. Tentava sorrir-me, mas os lábios, finos e pálidos, abriam-se apenas para beberem o ar morno e grosso da tarde, com dificuldade, vagarosamente.

Deixei-a sossegar e subi sozinha até a curva do caminho. Vi dali, a uma distância muito curta, uma praça larga, ladeada à esquerda por um renque de casas pobres, e à direita pelo mesmo murinho baixo que dava sobre a estrada de ferro.

Era um recanto melancólico, árido, sem poesia, onde as crianças rolavam na terra, de mistura com os cães, e umas árvores de tronco fino, e copa chata, projetavam sombras extravagantes e irregulares no solo amarelado.

O sol ia a sumir-se. De repente ouviu-se perto o silvo do trem de ferro, o comboio passava. Foi um alvoroço entre a criançada, que partiu aos saltos para o muro, numa gritaria, dizendo adeus aos passageiros que não conheciam. Aquele pôr do sol, aquele fumo que saía ondeante, trouxeram-me à lembrança as tardes de Palmeiras, e então uma saudade invadiu-me o coração. Saudade de quê? Particularmente, de coisa alguma. Aí eu tivera dores e lutas, preocupações e tristezas ainda maiores do que as alegrias e os sonhos que sonhara. Sentia saudades de tudo! Desse conjunto de risos e de agonias, do meu gozo e das minhas lágrimas, gozo sentido, e lágrimas choradas com a intensidade dos 20 anos!

Estava assim absorta quando vi passar, muito perto, uma mulher elegantíssima.

O seu vestido cinzento exageradamente justo na cintura, o cabelo, de um loiro singular, quase escondido por um chapéu de plumas, o grande leque escarlate, de desenhos bizarros, que ela meneava com desembaraço, davam-lhe um ar petulante e gracioso que me trouxe à ideia uma dessas figurinhas garbosas de Grévin, que tivesse recebido um sopro misterioso de vida e desandasse a passear ligeira, diante de mim.

De repente vi-a sumir-se numa das casas pobres, umas das mais feias e mais sujas, onde um formigueiro de crianças tagarelava à porta.

A elegante mulherzinha reapareceu depressa, distribuindo dinheiro aos pequenitos, acompanhada por uma velhota magra.

Eu continuava ali, vendo maquinalmente aquela cena, embebida pela doçura da tarde, olhando, olhando à toa.

A moça desembaraçou-se da velhota e veio caminhando para o meu lado. Desta vez o leque vinha fechado e os seus passos tinham-se tornado pesados, quase vagarosos. Chegou-se para o muro e percorreu com a vista a estrada inferior, como se procurasse alguém. Contemplando-a de perto, estremeci. Era Clara Silvestre, a minha antiga companheira de colégio, que tantas vezes repartira comigo o seu lunch, tantas vezes me perfumara com a sua água-flórida, ou me empoara com o seu microscópio pompom de arminho subtraído à gaveta da mãe.

Eu olhava estupefata para o seu rosto alvíssimo, os seus formosos olhos verdes brilhantes e expressivos, os seus cabelos pintados de uma cor de cenoura, os lábios cheios de carmim, e comparava-a com a Clara Silvestre de outro tempo, linda também, mas natural, inocente, com os seus caracóis castanhos e o seu doce rostinho muito redondo e alegre.

Entretanto Clara fixou também em mim o seu olhar esmeraldino. Houve um momento de embaraço. Eu não sabia que fazer; se retirar-me, se ficar.

A pobre Clara, no meio do seu luxo, do seu perfume de heliotrópio, e dos seus enormes rubis dos brincos, inspirava-me grande interesse e mágoa; sentia como que uma necessidade de atraí-la a mim, evocando a lembrança do passado, e de a consolar! De quê? Nem sei.

Porque ela não parecia infeliz; tinha uma certa altivez de porte, levantava mesmo a cabeça com orgulho, vaidosamente.

Contemplamo-nos em silêncio. Alguns momentos depois, deixando falar a voz do coração, perguntei-lhe a medo, assustada de mim mesma:

– Lembra-se de mim?

– Sim… foi… parece-me que foi minha colega na escola de d. Aninha… somente não me ocorre o seu nome…

– Martha.

– Martha! É isso! Se me lembro! Mora por aqui?

– Não...

Houve uma grande pausa.

Estávamos ambas contrafeitas; desejávamos lançar-nos nos braços uma da outra, e nem nos atrevíamos às perguntas mais simples!

– Imagine! – disse-me ela por fim, precipitando um pouco as palavras, visivelmente nervosa. – Morreu uma criada minha, deixando uma filha de nove meses... eu dei a criança a uma ama, remunerando-a bem. Hoje vim vê-la... está magríssima e suja, oh! Suja! os vestidinhos bordados que lhe tenho mandado, sabe onde os encontrei? no corpo das outras crianças, filhas da ama! Que gente!... Vou tomá-la para casa!

Calamo-nos.

Nisto umas vozes fortes gritaram da estrada, embaixo:

– Olá! Clarinha?!

Era um grupo de rapazes que lhe mostravam um lugar no carro em que iam.

Clara recuou um pouco e disse, apertando a minha entre as suas mãos enluvadas:

– Adeus, Martha; não pense mais em mim; eu não mereço a sua amizade. Mas fique certa de que há muito tempo eu não tinha uma alegria como a que tive agora, vendo que...

Não acabou; as lágrimas tremiam-lhe nos olhos, e ela desapareceu correndo pela rampa, a menear o seu leque vermelho de figuras bizarras.

Daí a nada ouvi as risadas argentinas de Clara Silvestre, lá embaixo, com os rapazes.

Voltei silenciosa e confusa. Que quereria dizer tudo aquilo? Minha mãe vinha ao meu encontro, já descansada, mas aflita pela minha demora.

Contei-lhe o caso; nem lastimou Clara, nem me censurou. Estava pálida e alheia a tudo. Voltamos. Por muito tempo o meu espírito se fixou com tenacidade na antiga Clara Silvestre, rosada, forte, com os seus vestidinhos de chita e os seus bibes brancos, inocente, alegre, feliz!

Pobre criança! Ela tem no meu coração um túmulo virginal, engrinaldado de rosas, todo envolto pela saudade, a doce, a tranquila saudade da infância!

Esse episódio simples, fugitivo, sugeriu-me uma multidão de ideias, umas dolorosas, outras... nem sei como defini-las!

Talvez que eu mesma, sempre pobre, humilde, modesta, feia, invejasse aquele brilhantismo de Clara, aquelas joias, aquelas plumas, aquele aroma, aquela formosura...

Mas tinha ficado no meu ouvido da sua frase melancólica – "Eu não mereço nada" –, e dava-se por isso em meu espírito uma confusão indescritível de conjecturas...

Desejaria penetrar o mistério daquela vida; saber como se pode parecer feliz não o sendo... Para mim, Clara mentira. Quem não valia nada era eu, sempre ignorada por toda a gente, sempre feia, o que me torturava, sempre envergonhada dos meus vestidos mal-ajeitados, do meu calçado barato, do meu modo esquerdo e retraído!

Era sobre mim que todos os males caíam, as palavras saíam-me a custo da boca, e eu presumia que toda a gente se ria dos meus gestos, da minha cara, da minha pobreza.

Entretanto, Clara Silvestre olhara-me com doçura, com amizade, na meiguice dos vencidos bons, que não odeiam os vencedores da vida!

A minha nevrose, a minha dor de viver, de ser feia, de ser pobre, de ser triste, durou ainda muito tempo; e creio que não se extinguiu absolutamente... Chegou, porém, uma ocasião em que me senti mais calma e mais resoluta. Esforcei-me por estudar e distraí o espírito com isso: devia em breve decidir-se a minha sorte como professora; aproximava-se o tempo dos últimos exames.

Envelheci, emagreci, trabalhei sobre posse, num grande esforço de memória; mas, se o corpo descaía, a alma triunfava, e era esse todo o meu empenho.

Estava eu a pensar nos meus estudos, quando a professora me disse uma vez:

– Quer saber uma novidade, Martha? O Luiz vai casar-se. Adivinhe com quem...

Rapidamente, num tom vibrante e claro, perguntei:

– Com a filha do paralítico?

– Não! Casa-se com a minha sobrinha, aquela que lhe apresentei no baile, a Leonor...

Quando cheguei a casa, minha mãe notou que eu estava pálida e com olheiras; afiancei-lhe não sentir nada, e de fato parecia-me melhor a minha situação.

Em vez de Luiz, era a figura de Leonor que nitidamente me aparecia, vestida de branco, como no baile, e engrinaldada de flores!...

– Olha – disse-me a minha pobre companheira. – Lês-te hoje na Gazeta o aviso para concurso, amanhã?

– Não... Qual concurso?

– O concurso das professoras para as escolas públicas... O Miranda trouxe-me o jornal; toma-o.

Li; e, desde aquela hora até à noite, pus-me a estudar, vendo de vez em quando a imagem delicada de Leonor, como um sonho vaporoso e tênue; mas não me amargava aquela visão, preferia-a à filha do paralítico; sentia um prazer maldoso em saber esquecida aquela também!

A respeito dos meus estudos estava segura, tranquila, de uma tranquilidade mesmo como nunca tivera em vésperas de exame. Minha mãe, não; disfarçava mal a sua inquietação; sentia-a trêmula, ao pé de mim. Não teve coragem de acompanhar-me; pediu à professora como último favor que me levasse e animasse; beijou-me quando eu saí, fingindo-se forte, mas li no seu olhar úmido toda a fraqueza que a invadia nesse instante. Tinha razão para recear de mim; se me não saísse bem, ela teria de trabalhar um ano inteiro ainda, com poucas vantagens, esgotando o pouquíssimo resto de vida, numa luta contínua!

Com que orgulho eu penso na desvelada solicitude que tem em geral a mulher brasileira para o filho amado! Não o repudia nunca, trabalha ou morre por ele. Coração cheio de amor, perdoemos-lhe os erros da educação que lhe transmite e abençoemo-la pelo que ama e pelo que padece!

Capítulo X

Quando à tarde voltei, encontrei minha mãe animada e risonha mesmo com um bom ar de ventura que eu não lhe vira nunca.

O solicitador Miranda, nosso vizinho, fora assistir ao concurso e antecipara-se em ir dar-lhe a notícia de eu me haver saído bem.

Recebi a nomeação de professora no dia do casamento de Luiz. Minha mãe abraçou-me jubilosa, e atônita de me ver triste.

Eu pensava na brancura de Leonor, nos seus cabelos loiros e sedosos, engrinaldados, sob o véu fino; no seu belo corpo alto e esbelto, coberto de seda branca e flores de laranjeira... Eu pensava nas soberbas montanhas de Palmeiras, nas suas casas disseminadas entre alegres verduras, nos seus bosques perfumados, nas suas cascatinhas soluçantes... eu pensava na tarde da tempestade; na filha do paralítico e no abraço de Luiz; nos seus madrigais, nos seus sorrisos e na sua falsidade; pensava ao mesmo tempo em tudo que me impressionara no campo, em tudo que me dera alegria e em tudo que me dera desgosto!

Fechei-me só no quarto, procurando como pretexto arrumar os meus velhos livros e trabalhos de agulha no fundo de um baú. Quando voltei à sala, minha mãe, alvoraçada e risonha, chamou-me para o seu lado e disse-me que o solicitador Miranda lhe pedira a minha mão!

Surpresa, não respondi logo; minha mãe, interpretando mal o meu silêncio, continuou:

– O Miranda é homem de 40 e tantos anos, muito sério e bondoso...

– Mas – respondi-lhe – eu nunca lhe falei: via-o à janela de manhã, quando eu atravessava para o colégio, unicamente e...

– Ele apaixonou-se por ti na leitura das cartas que me escreveste de Palmeiras.

– E por que lhe mostrou as minhas cartas?

– Porque ele perguntava-me sempre por ti... e... porque, filha, escrevias-me coisas tão bonitas, tão meigas e delicadas, que o meu orgulho de mãe aconselhava-me aquela indiscrição... Eu sabia de há muito que qualidade de homem é o Miranda: trabalho para ele há dez anos, bem vês... nunca me pagou mal, nunca fez reclamações nem queixas, foi sempre cavalheiro, como se adivinhasse em mim os princípios que tive... Além disso, com quem poderia eu desabafar as saudades tuas?

– Via-o muitas vezes?

– Todas as semanas, quando lhe levava a roupa... Depois que vieste, como sabe por mim que tens estado doente, não me quis falar nisso, e contentava-se em ver-te todas as manhãs. Agora, porém, que hás de ir morar para fora e, não podendo calar-se mais tempo, revelou-me a sua afeição. Acabou de sair daqui; não consentiu que eu te chamasse... Prometi levar-lhe a tua resposta...

– Não desejo casar-me...

– Mas... – balbuciou minha mãe, empalidecendo.

– Alcancei uma posição independente; não precisarei do apoio de ninguém.

Estas palavras disse-as eu secamente.

Minha mãe baixara a cabeça e, depois de uma pausa silenciosa, tornou-me com a voz baixa e comovida:

– Seja! Eu não queria fechar os olhos sem te ver casada... só num mundo tão perverso como este... Depois, o Miranda tem ótimo comportamento... É talvez velho para ti, mas havia de ser excelente marido, sério, honesto e delicado...

Enquanto ela dizia isto, eu via, como num sonho, a encantadora figura de Leonor.

Estremeci, ouvindo minha mãe referir-se ao meu futuro; meditei num minuto a minha vida inteira!

A reputação da mulher é essencialmente melindrosa. Como o cristal puro, o mínimo sopro a enturva...

Mas de mim quem se ocuparia em falar? Passaria sempre despercebida, mesmo pela vista dos mais famintos. Viriam os cabelos brancos, viria a velhice, e eu ficaria sozinha com os meus sonhos pueris, as minhas raivas surdas, a mesma desconfiança pela humanidade que me repudiava, julgava eu.

Bem cedo neste país ardente as mulheres ouvem dizer que as amam, e eu só aos 24 anos despertava no coração cansado de um velho uma paixão sossegada e mansa!

E que amara ele em mim?

O meu espírito; a minha pessoa não era nada. Foram as cartas escritas sob o influxo do meu amor por Luiz, naquele período de oiro da minha vida, que lhe despertaram a ideia de que a Martha valeria alguma coisa em um lar doméstico...

Olhei com desprezo para o meu corpo, achando-o indigno da minha alma. O ódio da natureza cresceu em mim num fermento em que todos os azedumes se encontravam.

Minha mãe percebeu tudo e disse:

– Eu só quero o que tu quiseres.

– Oh! O que eu quero não o alcançarei nunca!

Foi o meu primeiro grito de desespero. Minha mãe chorou; eu não.

Só muitas horas depois pude ter calma para refletir, e refleti que o meu casamento seria uma vingança para os ultrajes que a minha imaginação de moça recebera sempre.

Capítulo XI

O meu noivo era um homem singular na sua simplicidade. Eu nunca havia reparado nele: posso muito bem afirmar que só o vi depois de lhe ter dado o sim, na tarde em que, com satisfação comedida, foi agradecer a minha resolução.

Recebi-o com toda a calma, sem amabilidade, friamente; sorria com esforço e procurava em vão sacudir de mim a antipatia que o casamento naquelas condições me inspirava! Minha mãe remediava a minha concentração, falando muito, rindo mesmo, lembrando ao bom Miranda frases de uma ou de outra carta minha que o tinham feito dizer: "A sua filha é uma joia rara; feliz do homem com quem ela se casar!". Eu não intervinha; ouvia os elogios quase sem protestos, abatida, vazia de ideias, semimorta.

Chegou um instante em que minha mãe, num esforço de suprema agonia, teve a coragem de relatar a morte de meu pai e a amarga herança que dele recebêramos... Julgava aquilo um dever de lealdade, não lhe fossem dizer depois que ele tinha desposado a filha de um ladrão...

Miranda fê-la calar-se, um pouco vexado; e eu levantei para ele meus olhos tristes, espreitando-lhe os movimentos, com susto e com vergonha.

Ele sorriu-me. Era um homem de estatura mediana, gordo, calvo, com muitos fios brancos a luzirem-lhe na barba preta; de feições miúdas, dentes pequeninos; e peito robusto.

Havia alguma coisa de paternal nos seus olhos, uma expressão de lealdade, de doçura que me inspirava confiança e tranquilidade. Falava sem preocupações de linguagem, incorrendo mesmo frequentemente em pequenos erros de pronúncia ou de gramática, muito vulgares.

Eu notava aquilo sem desgosto: imersa numa afonia estúpida! Só depois de ele se ir embora é que eu, ironicamente, os enumerei à minha mãe; ela ouviu-me calada e depois me afirmou que nem sempre os maridos mais ilustrados eram os melhores. Quando um homem de espírito superior não encontra na esposa um entendimento claro, uma percepção nítida das coisas, uma inteligência preparada para a perfeita compreensão da sua, um como refletor das suas ideias, esse homem deixa de lhe comunicar os seus projetos de futuro, ambições, estudos, trabalho, triunfos e desgostos, por julgá-la incapaz de uma consolação ou de um aplauso! E assim, sem troca de emoções nem conversas íntimas, procura cada um para seu lado satisfazer às necessidades absolutas dos seus gostos e temperamentos. A mulher, então, ou se resigna a viver encolhida em casa, na humilhante posição de mera governante, ou revolta-se contra a superioridade do marido e provoca-o de todas as maneiras, desde a mais séria até a mais fútil! Agora, quando, ao contrário, é a mulher a mais inteligente e a mais ilustrada, sendo ao mesmo tempo ponderosa, sensata, boa, o marido venera-a, respeita-a, e faz-lhe sem temer as suas confidências de venturas e pesares! Cabe a ela então disfarçar a diferença intelectual que entre os dois existe e procurar nivelar-se com ele.

Está aí toda a ciência.

Minha mãe citava exemplos de antigas amigas, e eu pensava, entristecida, em que a suprema ventura seria encontrarem-se e unirem-se para toda a vida duas pessoas de espírito afinado pelo mesmo diapasão; com as mesmas predileções e iguais tendências! Mas essa era uma aspiração absurda, e fiz por convencer-me de que só havia um homem capaz de me fazer feliz – o Miranda.

Principiei sem entusiasmo a fazer o meu pequeno enxoval e a tratar dos preparativos para a nossa mudança. A minha cadeira era no Engenho Novo.

Em verdade quem tratava de tudo era minha mãe; eu quase que me limitava a dizer como queria as coisas; ela cortava, acertava, punha tudo em ordem; eu interrompia a costura e ia deitar-me, chorando, ou sentar-me silenciosa, indolente, abstrata, em um canto do meu quarto.

Uma tarde, saímos do trem dos subúrbios quando senti agarrarem-me num braço; voltei-me: era a nossa antiga vizinha do cortiço, a ilhoa, que se plantava agora diante de nós com um sorriso nos lábios grossos.

Na estágio havia o rumor dos passos apressados. Corriam os homens procurando entrar no trem que partia; as máquinas silvavam e os trabalhadores impeliam com força os carros de mão, pejados de malas e de caixões.

Foi logo um tumultuar de perguntas.

A ilhoa nem as deixava concluir; as suas desgraças enchiam-na até aos olhos; carecia de desabafo.

A Carolina tinha-se casado, apesar do trambolho das pernas; mas o marido explorava-lhe o trabalho de uma maneira feroz e ainda por cima a moía de pancada...

Tinha já dois filhos e habitava agora um cortiço da Gamboa. Raramente via a mãe. Uma dor d'alma...

– E a Rita?

– Essa está para casar com um moço estabelecido de barbeiro... mas, senhoras, ele sempre tem um gênio!... Aquilo eu já sei!... pra mim, filha casada é filha morta...

– E seu marido, ganha mais agora?

– Pois não leram nas Gazetas?!

– O quê?

– O meu homem foi pisado por uma carroça, lá pra o Matadouro... Oh! Senhoras, que a mim sempre têm acontecido coisas! Está aleijadinho, cortaram-lhe as duas pernas... Se não fosse eu ter saúde... olhe que não sei como haveria de levar um bocado de pão à boca...

Saímos juntas até o bonde; nós entramos, ela seguia a pé, pela calçada em frente do quartel.

Eu via com verdadeira admiração aquela trabalhadora persistente e brutal, a quem a vida retalhava a alma sem que o corpo caísse. Estava muito mais velha, por certo. O seu cabelo encaracolado e negro, agora branco, o rosto denegrido descabido em quatro rugas fundas: das narinas ao queixo, dos lacrimais às faces. Mas lá ia direita, rebolando os quadris fortes, em passadas firmes, à busca do seu fardo de besta de carga.

Nessa tarde compramos a última pega de morim e as primeiras fitas do meu enxoval.

Dias depois tomei posse da minha cadeira de professora.

Entretanto, minha mãe e o Miranda instavam para que se marcasse definitivamente a data do casamento; marquei-a, mas pouco depois a transferi; tornei a marcá-la, tornei a transferi-la, até que por fim, num grande esforço de vontade, decidi positivamente o dia e a hora para a realização do ato.

Decorreu um mês minha mãe tratava de tudo, desde madrugada até à noite, numa lida insana. Ora lavava os vidros das janelas, ora rematava a minha pouca roupa, muito perfumada e bem arranjadinha, ora cosia, ora engomava, economizando muito para fazer-me um vestido de núpcias de seda branca! E fez o vestido de seda! E comprou flores caras, e um véu longo e farto!

Na véspera do meu casamento, à noite, sentei-me perto da mesa do jantar e pus-me a folhear caderno por caderno dos meus antigos estudos, disposta a fazer desaparecer nas chamas todos os vestígios do meu tristonho passado.

Comecei a separar, examinando com enfado aqueles papéis, quando, de entre uns apontamentos de pedagogia, caiu-me no colo uma folha de carteira, acetinada, dobrada ao meio; abri-a; reconheci a letra de Luiz; comovida, trêmula, nervosa, li e tornei a ler; primeiro só para mim, depois a meia-voz, depois alto. Eram versos.

Minha mãe, sentada do lado oposto, em frente, olhava-me com atenção, com os braços e a costura caída sobre a mesa. Fazia calor, e ao redor do lampião volteavam, fascinadas, muitas mariposas brancas, pequeninas.

– De quem são esses versinhos? – perguntou-me a minha santa amiga.

– De um primo da professora...

– Ah! Lê outra vez; mas devagar, eu não os entendi bem.

E eu li-os ainda mais titubante e nervosa.

Realmente me faltava o ar; sentia-me opressa, doente; interrompi a leitura, ergui-me, fui à janela; olhei para o céu, estava todo estrelado, azul e límpido, cortado pela esteira esbranquecida da Via Láctea. Nem a mais leve viração, tudo morno, parado. De um jardim da vizinhança vinha um aroma forte de jasmins e magnólias; voavam pirilampos. Inolvidável noite!

Estive muito tempo debruçada no peitoril, olhando para o escuro, depois voltei, e, sem examinar nem ler mais papéis, queimei-os todos.

Minha mãe advertiu-me:

– Olha que os versinhos lá se vão também!

– Não faz mal: eles não prestavam para nada...

– Também me quis parecer isso, mas, como não entendo...

E foi assim passada a minha última noite de solteira!

Capítulo XII

Casei-me em uma bela tarde de verão. Poucas pessoas assistiram ao ato, além de minha mãe, do sr. Jerônimo e da mulher, que foi minha madrinha.

Despedindo-se, d. Anita disse-me num abraço:

– Auguro-lhe muita felicidade; o sr. Miranda parece ser um ótimo homem!

Passamos uma semana feliz; meu marido consagrava-me uma afeição serena; era delicado e bom. Nunca no meu lar soaram as alegres e sonoras frases dos noivos apaixonados, nem tampouco houve nunca um arrufo.

Minha mãe tinha uma expressão de ventura, por tal forma manifestada no seu rosto muito magro e pálido, que me comovia. Quando passava privações, fome e frio, trabalhando sempre para sustentar-me, concentrava na tristeza o seu coração; na alegria, porém, abria-o aos olhos de toda a gente!

A queixa é uma fraqueza, a pegada impressa no chão lodoso da terra; o silêncio sofredor é o voo, no azul cândido do infinito.

A minha santa, a minha inigualável amiga, atravessou todas as misérias sustendo-se sempre nas asas. É que naquele corpo estreito, fraquíssimo, doente, havia uma alma forte, um coração sublime!

A minha maior felicidade consistiria em remunerá-la com largos juros de todos os sacrifícios feitos por mim, por isso preparava-lhe um resto de vida plácido e feliz; mas coitadinha! Vendo-me amparada, com um auxílio certo e honrado, deixou-se descansar da grande luta que havia tantos anos travara com a morte!

Singular organização a sua! Enquanto dependi do seu trabalho, da sua vida, da sua proteção, movia-se sempre ativa, desde a madrugada até à noite, uma lida cruel; agora, que não se julgava precisa, deixou cair os braços e confessou-se exausta! É que toda a sua vida tinha sido só artifício, força de vontade, nada mais.

Foi no oitavo dia do meu casamento que ela adoeceu; estávamos ao jantar e vimo-la cair para o lado com uma síncope. Quis socorrê-la, não pude: tinha as pernas muito trêmulas e sem ação; gritei, gritei muito, com o rosto banhado em lágrimas e o corpo inundado de um suor aflitivo e frio. Meu marido tomou-a nos braços e, comovido, levou-a para a cama, num quarto próximo.

Minha mãe voltou depressa a si, chamou-me, procurando animar-me e convencer-me de que aquilo não era coisa de cuidado! Mas veio o médico, e, menos caridoso, afirmou-me que a doente sofria de uma lesão antiga e que se admirava sinceramente de que vivesse ainda!

– Aquele coração está completamente arruinado há longos anos; e podemos considerar como um milagre tamanha resistência a tão profundo mal. Aquela senhora tem sido de aço, realmente!

Eu ouvia-o trêmula, encostando-me à parede para não cair. Meu marido fez-lhe notar a minha perturbação; ele lamentou-me e explicou que era de seu dever prevenir-nos para qualquer emergência.

Voltei cambaleante para o quarto da minha adorada; ela adormecera, sob a ação da morfina injetada nos seus braços nus, muito frios, pendentes por fora da roupa.

Desde então não me arredei do seu lado, assistindo ao medonho desenlace daquela vida de mártir. Às vezes, com as faltas de ar, parecia morrer; ficava roxa, depois pálida; inclinava o corpo para a frente e, com a respiração cortada, o rosto transtornado pela agonia, a fronte banhada de suor, os braços gélidos, olhava-me e sorria.

As crises sucediam-se; as pernas tinham-lhe inchado muito e não podia andar. Passava dia e noite numa poltrona, curvada para a frente sobre almofadas.

Um dia chamou-me para bem perto, afagou-me com as mãos arredondadas pela inchação, contemplou-me com amor, fixa e demoradamente; depois, estendeu-me os lábios tintos de uma cor violácea, beijou-me e fez-me sinal para que eu saísse; atônita, saí – e ela expirou.

Dei uma volta pela sala, inconsciente, obedecendo à vontade daquela santa.

Voltei: encontrei-a reclinada para trás, sobre o espaldar da cadeira, serena, adormecida; aproximei-me mais, inclinei-me para ela e compreendi a horrível verdade – estava morta!

Meu marido entrara atrás de mim e amparou-me nos braços; tive ataques violentos, toda a tarde, rasgando o vestido, mordendo-me, batendo com a cabeça na cabeceira da cama e nas paredes, cerrando os dentes a todos os remédios e alimentos, num desespero atrocíssimo!

Às Ave-Marias levantei-me e fui postar-me ao lado da minha adorada morta; não me arredei dali, de joelhos entre o leito e a janela aberta por onde entrava a viração perfumada da noite semeada de estrelas.

grupo novo século | ns

@novoseculoeditora